明仁上皇と美智子上皇后の30年

日本経済新聞社社会部 編

日経プレミアシリーズ

目次

編集部注

＊初出は、第一章から第三章が二〇一八年四月七日から一九年四月二十七日まで日本経済新聞朝刊社会面（土曜日付）、鼎談が一九年二月二十五日の日本経済新聞朝刊特集面。

＊第一章〜第三章の各項末尾の（I）は井上亮・日本経済新聞編集委員が執筆、（W）は和歌山章彦・同編集委員が執筆したことを表しています。

＊本書における「天皇」「皇后」「陛下」など皇族の呼称、敬称は筆者の取材当時のものです。

＊本書に登場する人物の肩書き・年齢等は初出掲載時のものです。

はじめに

和歌山章彦

本書は、「平成の天皇と皇后　30年の歩み」のタイトルで二〇一八（平成三十）年四月から一九年四月にかけ、日本経済新聞に連載されたコラムや特集面での識者の対談などを土台に、新たに書き下ろしの章を加えたものである。

全体の構成やテーマなどの選定は、長年、皇室取材に携わり、わが国の近現代史に造詣の深い畏友、井上亮・編集委員の着想による。井上氏は、元宮内庁長官、富田朝彦氏が書きとめていた、いわゆる「富田メモ」を発掘し、昭和天皇の靖国神社参拝に関する思いに光をあてた報道で、二〇〇六年度の日本新聞協会賞を受賞した。『熱風の日本史』（日本経済新聞出版社）など多くの著作がある。この分野の第一人者である。

本書を、平成の天皇、皇后の公務や、身辺の出来事を時系列でまとめた「年代記」の体裁にしたのは、記者が実際に現場で取材した三十年余りの日々の欠片を寄せ集めることで、お二人が目指してきた皇室の在り方、さらに戦後史の断面としての意味を読者と共有し、ともに考える手掛かりにしたい、という意図である。個々の題材が、全体像を構成するパズルのピースであることが目指されている。

筆者が平成の皇室を取材したのは、わずか五年間だ。本書で担当した記述が、パズルを埋める有効なピースたりえているかどうかは、やや心もとない。

*

連載のきっかけとなったのは、言うまでもなく、二〇一六年八月の天皇の「ビデオメッセージ」だ。これにより、退位の道筋が立法化され、平成の終わりが画された。私たちが初めて経験する歴史的な出来事だった。

テレビで放映された十一分間のメッセージで天皇は、自身が果たすべき責務の本質を「象徴的行為」という言葉で定義した。憲法が明示的に定める「国事行為」の枠外にある、という含意であろうか。被災地慰問など、国民と直接触れ合う公務を指す。これこそが、「日本国民統合の象徴」がなすべき仕事だと切々と説いたのだ。

先の大戦で亡くなった人びとに思いを寄せ、また、ハンセン病や水俣病、災害などで塗炭の苦しみを生きた人びとを慰める。「鎮魂」と「共感」の旅である。もちろん、喜びを分かち合う行事もある。だが、むしろ人びとが負った「傷」を回路に、社会の連帯を願う思いがにじんでいたように見えた。

「旅」とは、実際に現場に赴き、人びとの声に耳を傾け、時にひざまずき、励ましの言葉を発する。その営みを、大衆やメディアの視線にさらす生身の人間の身ぶりである。離島や過疎地を含め、列島のあらゆる場所で営まれた象徴的行為が、加齢により「全身全霊」で完遂できなくなる。全身全霊とは、「骨身を削って」という重い意味合いだろう。ゆえに、肉体の限界を感じ退位する。極めて明快な理路が開示された。

天皇は人びとの幸せを祈りつつ、象徴的行為を、自らの意志で能動的に果たす。国民はその仕事ぶりに感謝し、天皇の地位を承認する。敬われるのは、万世一家の血脈の神聖さからではない。相互の信頼と敬愛というインタラクティブな関係が、立憲民主制と古代から続く天皇制を調和させる唯一の「解」なのだ。これが天皇メッセージの核心ではないか、と筆者は受け止めた。

昭和天皇の闘病から逝去に至る百五十日間、列島は自粛ムードに覆われ、経済活動にも負の影響が及んだ。天皇の寿命と代替わりを切り分け、社会的混乱を最小限に抑える、という退位の発想は、「能動的天皇像」の当然の帰結なのであろう。私たちは、あの温顔に宿る、鍛え抜かれた思考に驚いた。

この平成史における最も重要な出来事である天皇メッセージについて、井上氏は本書で「行政、立法府を飛び越え、天皇が国民と直接つながった瞬間でもあった」と含蓄のある記述をしている。

退位をめぐる一連の経緯を肯定的に捉える見解も紹介しつつ、憲法上の問題点にも触れている。各種の世論調査によると、大多数の国民が天皇メッセージを支持した。井上氏の著作の表題を借りれば、この大いなる国民の共鳴も、時として歴史に吹き付ける「熱風」＝「社会を一色に染める時代の空気」だった可能性はないか。広角に引いた冷静なまなざしであろう。

本書の書き下ろしの終章「ドキュメント　退位への道のり」で井上氏が、その経緯を詳細に語っているところではあるが、改めて、今後、退位という「目的の妥当性」と、国民に直接語りかけるという「手段の相当性」を、それぞれ十分に吟味し、天皇メッセージと憲法との整合性などについて、丁寧に掘り下げる議論がなされることを期待したい。「天皇は御簾《みす》の中で祈りをささげる存在でいい」「『能動的天皇像』は、天皇制に能力主義を持ち込むもので、妥当ではない」という見解もある。「令和」の、さらに次代の象徴天皇像にも深く関連する論点であるからだ。

*

本書は、平成の天皇を公私にわたり支えてきた配偶者、美智子さまの果たした役割についても詳しく触れている。

平成の離陸期に、主に美智子さまを対象にした雑誌メディアの「バッシング報道」、陰影に富み洗練された「歌」を通じた類いまれな発信力、児童文学を通じた国際交流などである。また、ハンセン病療養施設で、美智子さまから声をかけられ、「前向きに生きるきっかけとなった」と述懐する元患者の肉声も収められている。

驚くべきことに、この元患者の女性は、美智子さまとの出会いの後に、幼くして両親を亡くした女子高校生の里親になった。「わが娘」は、偏見を持たない心優しい男性と結ばれ、四人の孫にも恵まれた。本書の取材を通じて、最も感銘を受けたエピソードの一つである。

民間から初めて皇室に嫁ぎ、他者が知り得ぬ悲しみを背負った美智子さまの言葉に宿る力だろう。

ところで、十八世紀の英国の政治哲学者、エドマンド・バークは、「国家とは、現存する者、既に逝った者、将来生を享《う》ける者の間のパートナーシップである」という言葉を残している。

平成の天皇は、その妻とともに、困難な境遇の人びとを励まし、不戦の誓いで死者の魂を鎮め、あすの世界の平穏なることを祈ってきた。毎年、八月十五日の全国戦没者追悼式で深く頭を垂れるお二人の姿に、保守思想家の至言を重ねてしまうのは見当違いだろうか……。

長らくそう思っていたのだが、政治学者の中島岳志氏が、「バークはその原点に『原罪』という観念を据えている」と述べていることを知った。人間は過ちを犯しやすく、決して偏見から自由ではない。だからこそ、歴史に学ぶべきである――という省察から紡がれた言葉だという。

本書に、バークの言う「原罪」の観念に近いと筆者が感じた美智子さまの印象深いスピーチが収められている。

「平和は、常に希求されながら、常に遠い目標にとどまるものなのでしょうか。平和の均衡を乱す憎しみの感情は、どのような状況から生まれ、どのようにして暴力に至るのでしょうか。長い歴史を負って現代を生きる私ども一人一人は、今を平和に生きる努力とともに、過去が残したさまざまな憎しみの本質を理解し、これを暴力や戦争に至らしめぬ努力を重ねていかなければならないと思います」（一九九五年八月、国際大学婦人連盟第二十五回国際会議開会式で英語で朗読）

「憎しみの本質」という言葉を、「原罪」に置き換えることは可能であろうか。平成の皇室を読み解くキーワードかもしれない。

平成の天皇は、沖縄や日本と戦火を交えた旧連合国、海外の激戦地を訪ね、時に向けられた怒りや憎しみを抱きしめ、昭和という時代の罪に向き合い続けてきた。そして、過去の歴史に学ぶ意義を強調してやまない。

〈語らひを重ねゆきつつ気がつきぬわれのこころに開きたる窓〉

平成の天皇は、伴侶の存在を歌に託して「窓」と表現した。金婚の記者会見では、「結婚によって開かれた窓から私は多くのものを吸収し、今日の自分を作っていったことを感じます」と万感の思いで述べている。

象徴天皇像は、思慮深い「窓」から差し込む光を触媒に、時を重ねて形づくられたのではないか。そう思わせるいくつかのエピソードも本書の読みどころの一つである――。

そんな読後感を持っていただけたら幸せである。

第一章　平成元年〜十年

障害者と心を共に

「トランポリンで跳びはねていた子供たちが突然、天皇陛下に抱きついて握手した。続いて皇后さまにも抱きついたんです」

東京都国立市の知的障害児の福祉施設「滝乃川学園」の常務理事、米川覚さん（61）は、一九九二（平成四）年六月四日に両陛下が訪問した際の〝ハプニング〟を語る。同学園は日本最初の知的障害児のための施設で、のちに成人も受け入れている。前年が創立百周年だった。

天皇陛下は九一年十月十八日、全国精神薄弱者育成会（現全日本手をつなぐ育成会）全国大会で「（障害者の）個人個人の人格が尊重され、地域の人々と共に明るく生活できる社会が実現されるように切に望むものであります」とお言葉を述べられている。

両陛下の障害者関連施設訪問は皇太子夫妻時代から続けられ、即位後も「障害者の日」

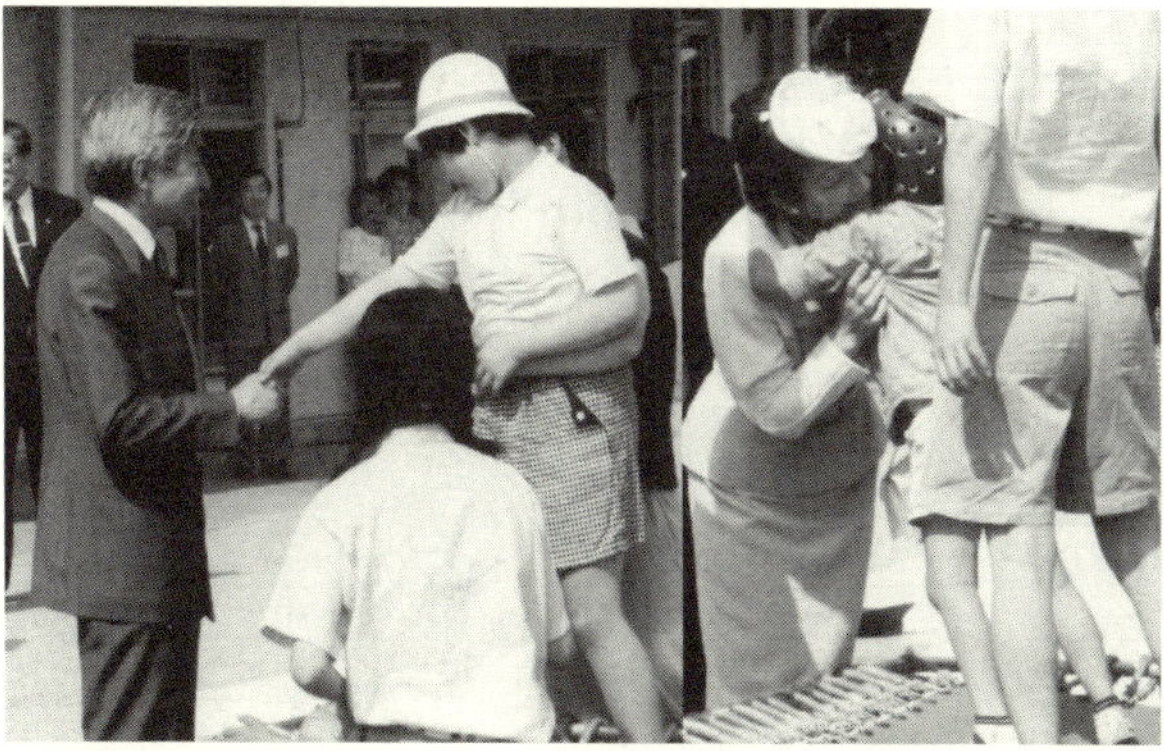
障害児とふれあう両陛下
（1992年6月4日、東京都国立市の滝乃川学園）

（のちに「障害者週間」）など様々な機会に施設へ足を運んだ。平成時代は国内外で約百件に及ぶ。

施設訪問は障害者への理解を広めるための両陛下による「広報活動」の面もあった。滝乃川学園訪問は平成時代の活動の実質的なスタートだった。トランポリンの子供らと抱き合う姿は、いかにも「平成流」の新時代を思わせた。

しかし、意外なことに当時この訪問を報じたメディアは少なかった。両陛下の障害者施設訪問の意義について、世間一般の理解が追いついていなかったといえる。

その後、両陛下は植樹祭、国体などで地方を訪問するたびに、その地域の障害者施設訪問を続けた。天皇陛下は九四年六月の全国重症心身障害児（者）を守る会創立三十年大会で「重い心身障害を持つ人々が、常に人々の視野の中に入る社会でありたいものと思います」と訴えられた。

両陛下の地道な活動により、肢体不自由児療護施設「ねむの木学園」（静岡県）、障害者就労支援施設「太陽の家」（大分県）や知的障害児の支援学校「旭出学園」（東京都）など、障害者施設に対する社会の認知度、理解は徐々に深まっていった。

二〇〇七年十二月十三日、皇后さまは非公式な「お忍び」で再び滝乃川学園を訪問した。見学中、障害者の一人が感激して皇后さまの手の甲にキスをしようとした。周囲のスタッフが止めようとしたが、「いいのよ、大丈夫よ」と笑顔で受けとめられたという。

そして、学園関係者に「皆さん（施設を利用する障害者）のことをよろしくお願いします」と言い残していった。常務理事の米川さんは「まるでわが子を託すように言われるので、本当に驚いた」と話す。

皇后さまは二〇〇一年の誕生日の文書回答で、昭和三十年代後半に日本で重症心身障害児施設が設立され始めたことに触れ、「三人の子どもの母として過ごした時期が、これらの施設の揺籃《ようらん》期と重なっており、無関心であることは出来ませんでした」とつづられている。

天皇陛下は一九九九年十一月の即位十年の記者会見で、障害者などに心を寄せていくことは「私どもの大切な務め」であり、施設の訪問でこれらの人々と「少しでも心を共にしようと努めてきました」と述べられた。

社会のなかで孤立し、忘れられがちな人々の存在を常に視野に置く。人格を尊重し、心を共にする。その精神の「伝道」は、平成の天皇、皇后のあり方の柱だった。（I）

皇室に新時代の息吹

昭和天皇の崩御から半年余り。一九八九（平成元）年八月、天皇家の次男、礼宮さま（秋篠宮さま＝当時23）と学習院大大学院生の川嶋紀子さん（同22）の婚約内定が報道された。「3ＬＤＫのプリンセス」「キャンパスに咲いた恋」……。平成に入って初めての皇室の慶事だった。自粛に疲れていたメディアはこぞって大々的に報じ、世論も祝賀ムードに沸いた。

おふたりは大学内の書店で出会い、サークル活動を通じ愛を育んだ。プリンセスの住まいは集合住宅の四階で、広さは七〇平方メートルほどだった。

天皇、皇后両陛下も〝恋愛結婚〟だった。が、皇后さまは大企業の創業家の息女。実家は高級住宅地の邸宅で、万人が認める深窓の令嬢だった。

あまりの「普通さ」に人々は驚き、そこに新時代の息吹を感じた。新しさの内実は、天皇

天皇、皇后両陛下とおそろいで記念撮影する秋篠宮さまと紀子さま（1990年6月29日、宮殿・竹の間）

ご一家の「憲法的価値の尊重」と換言できよう。

両陛下は結婚後、「皇室にも家庭を」と強く望まれた。別居が慣例だった親子が、同じ屋根の下に住み、可能な限り、子供たちを分け隔てせずに養育する宮中改革を実行された。

三歳でご両親のもとを離れ、戦時中、集団疎開を経験された陛下にとって、家族の語らいは最も重視すべき価値だった。

陛下は皇太子時代、結婚二十五周年の記者会見で、孟子の「国のもとは家にあり」という言葉を引き、「子供たちにも家庭を大切にするよう教えてきた」と述べられた。

また、「家族という身近なものの気持ちを十分に理解することによって、はじめて国民の気持ちを実感して理解できるのではないか」とも。

八五年の会見では、皇族の結婚について、「両性の合意と本人の意思が一番尊重されなければならないと思います」。家庭教育のなかでも、当人同士が十分に意思を確かめ合うことの大切さを説かれてきたという。

当時、皇室のスポークスマン役だった高円宮さまに、勤務先の国際交流基金で皇族の結婚について尋ねたことがある。

「秋篠宮さまの慶事は報道で初めて知った」と笑いつつ、皇太子さまの結婚について、「ご本人が熟慮のうえ、意中の方に思いをお伝えするだろう」と語られた。実際、その通りになった。

秋篠宮さまの婚約内定を喜びながらも、当時の藤森昭一宮内庁長官は、二つのことを気にかけていた。先帝の喪中に皇室会議を開き、婚約を正式決定すること。また、年長の皇太子さまに先んじて英国留学中の弟宮が結婚することに、国民がどんな感情を抱くのか。

藤森氏は、天皇、皇后両陛下の意向を踏まえ、婚約の準備を進めてきた。一方で、皇室の伝統に照らし、世論に受け入れられるのか、を案じていた。事実、同庁関係者に、批判的な投書がいくつか寄せられていた。

批判は主流にならなかった。伏流として地下に潜った。四年後の九三年、週刊誌による「皇室バッシング報道」として噴き出すのだが、それについては稿を改めたい。（W）

国民と共に憲法を守る

一九八九（平成元）年八月四日午後三時、皇居・宮殿「石橋の間」。外国報道機関を含む五十五人の記者が扇形に座って囲むなか、天皇、皇后両陛下は即位後初の記者会見に臨まれた。

冒頭、立って質問を始めようとする記者に、天皇陛下が「どうぞ座って」と声をかけるなど、新時代の皇室らしい打ち解けた雰囲気で会見が始まった。

このような形式の記者会見は七五年に昭和天皇、香淳皇后が行って以来だった。現在では毎年十二月の誕生日前に恒例となっている「天皇会見」だが、当時はきわめて新鮮な印象を与えた。そもそも「記者会見」という言葉が正式に使われたのが初めてだった。

昭和時代、宮内庁は「天皇の会見の相手は対等な関係の外国元首のみ」としていた。天皇と記者との問答の機会はあったが、「お会い」「お会釈」などと言い表していた。戦前の君主

即位後初の記者会見に臨む天皇、皇后両陛下
（1989年8月4日、皇居・宮殿）

と臣下の関係を引きずっているかのような表現は、新天皇の意向で改められた。

形式だけではなく、会見の中身も画期的だった。「戦争責任」「政教分離」「天皇制をめぐる言論の自由」といった、昭和天皇に対してはタブー視されていた言葉が質問に盛り込まれた。答える天皇陛下は「日本国憲法」に力点を置いた。

「憲法に定められた天皇のあり方を念頭に置き、天皇の務めを果たしていきたいと思っております」

「憲法は、国の最高法規ですので、国民と共に憲法を守ることに努めていきたいと思っています。終戦の翌年に、学習院初等科を卒業した私にとって、その年に憲法が公布されましたことから、私にとって憲法として意識されているものは日本国憲法ということになります」

ノンフィクション作家の保阪正康さん（78）は「自分は日本国憲法が生んだ象徴天皇であり、大日本帝国憲法下のような神格化された天皇ではない、と強調していると思う。『国民と共に憲法を守る』という言葉で国民との間に回路、絆《きずな》をつくろうとしていた」と解釈する。

その見方を裏付けるように、二〇〇九年四月の結婚五十年の記者会見で陛下は、旧憲法と比較して「日本国憲法下の天皇のあり方の方が天皇の長い歴史で見た場合、伝統的な天皇のあり方に沿うものと思います」と述べられている。

保阪さんは初会見で天皇陛下が「言論の自由が保たれるということは、民主主義の基礎であり大変大切なこと」として、天皇の戦争責任や天皇制の是非を論じることも含まれると述べられたことに注目する。

「立派だと思う。民主主義の枠のなかにあっての天皇ということが論理の前提にあり、使命感さえ感じる。陛下は天皇のあり方を革命的といえるほど変えてきたが、このときの所信を忠実に歩んできたといえる」

――日本国憲法で、天皇は日本国の象徴であり日本国民統合の象徴であると規定されています。

天皇陛下は即位以来数々の記者会見で、実に十回以上、この言葉を繰り返されている。現代の天皇は憲法を土台として、国民同士の絆の象徴であるべきだという信念がにじみ出ている。（Ｉ）

即位儀式で様々な議論

平成の幕を開けた人が宮中にいる。

皇室の祭祀《さいし》をつかさどる掌典長の楠本祐一さん（70）は、一九八九（平成元）年から二年間、侍従を務めていた。九〇年十一月十二日に行われた即位礼正殿の儀で、天皇陛下が即位を宣言する高御座《たかみくら》の深紫の帳《とばり》を開く役を担った。

「帳を開けるのに特別な所作はないが、きれいに見栄えよく開けようと思い、よく練習した。本番では新しい時代が始まるすがすがしさを感じた」と話す。

楠本さんは同月二十二日夜から二十三日未明に行われた大嘗祭《だいじょうさい》でも、天皇陛下の供を務め、同月末から十二月上旬の伊勢神宮と神武、孝明、明治の各天皇陵への参拝では三種の神器の剣を奉持して同行した。

「昭和天皇の闘病、自粛、大喪など重苦しい空気がしばらく続いたので、新しい世の中が開

高御座で即位を宣言する天皇陛下。左右の帳を開くのは侍従の役目だった（1990年11月12日、皇居・宮殿）

けていくようだった」と振り返る。

ただ、当時は平成の幕開けを祝う声一色に包まれていたわけではなかった。代替わり儀式には宗教性があり、即位礼を国事行為として行い、大嘗祭に国費を充てるのは憲法の政教分離の原則に反するとの批判があった。

天皇陛下はのちに記者会見で「振り返ると、即位の時期が最も厳しい時期であったかと思います。日本国憲法の下で行われた初めての即位にかかわる諸行事で、様々な議論が行われました」（二〇〇七年五月、バルト三国など訪問前）と述べられている。

即位儀式は昭和の前例を踏襲しつつ、現行憲法との整合性をどう保つかが課題だった。また、大嘗祭に関しては民俗学者の折口信夫が戦前に唱えた秘儀「真床覆衾《まどこおぶすま》」説が議論になった。

折口説に従えば、大嘗祭は天孫降臨神話を再現し、天皇が自ら神格を得る儀式と解釈される。宮内庁は同説を否定し、「五穀豊穣《ほうじょう》を祈るもの」とする発表をあえて行った。

大嘗祭の考証は神道学者の故鎌田純一掌典職祭事課長を中心に行われた。「平成の大嘗祭は昭和を参考にしたが、この時代は現人神《あらひとがみ》の儀式。象徴天皇としての大嘗祭はまったく違う。鎌田さんらが苦労して考え、日本国憲法下の現代とズレがないように、全体の式次第などを創り上げた」と楠本さんは言う。

即位関連儀式はパレードや計十回に及ぶ饗宴、園遊会、伊勢神宮参拝など様々。「部署によって違いはあるが、即位儀式が続いた十一月〜十二月上旬は休みなしだった。長年宮内庁に勤めたが、この時期が一番きつかった」（元職員）というハードスケジュールだった。当時の側近は「大変だった。とくに皇后さまはお疲れの様子だったが、がんばって立派に務められた」と語っている。

平成の「閉幕」と次の時代の幕を開ける祭祀にもたずさわることになる楠本さんは「次のお代替わりまで務めるとは夢にも思わなかった。諸儀式はその趣旨に支障がなければ、前回と同じにしなくてもよいし、華美である必要もない。国民の広い層から評価されるものでなければ」と話している。（Ｉ）

ハンセン病患者に寄り添う

視察は、三時間を超えていたように記憶している。

一九九一（平成三）年三月。即位後初めて天皇、皇后両陛下が国立ハンセン病療養所を慰問した際、同行取材した。東京都東村山市の「多磨全生園」だ。

皇后さまは、元患者の山内きみ江さん（84）の手を握り、「お大事になさってください」と励まされた。

全生園に山内さんを訪ね、当時を回顧してもらった。「私は視察予定ではない部屋にいました。でも、皇后さまと目が合うと立ち止まって、近づいて来られたのです」

不自由な手の機能回復を兼ねて、トウのカゴを編んでいた。「皇后さまは床に膝をついて『何を入れますか？』と声をかけてくださいました」

静岡県出身の山内さんは入所後間もなく、実家に無事を知らせる手紙を書こうとした。

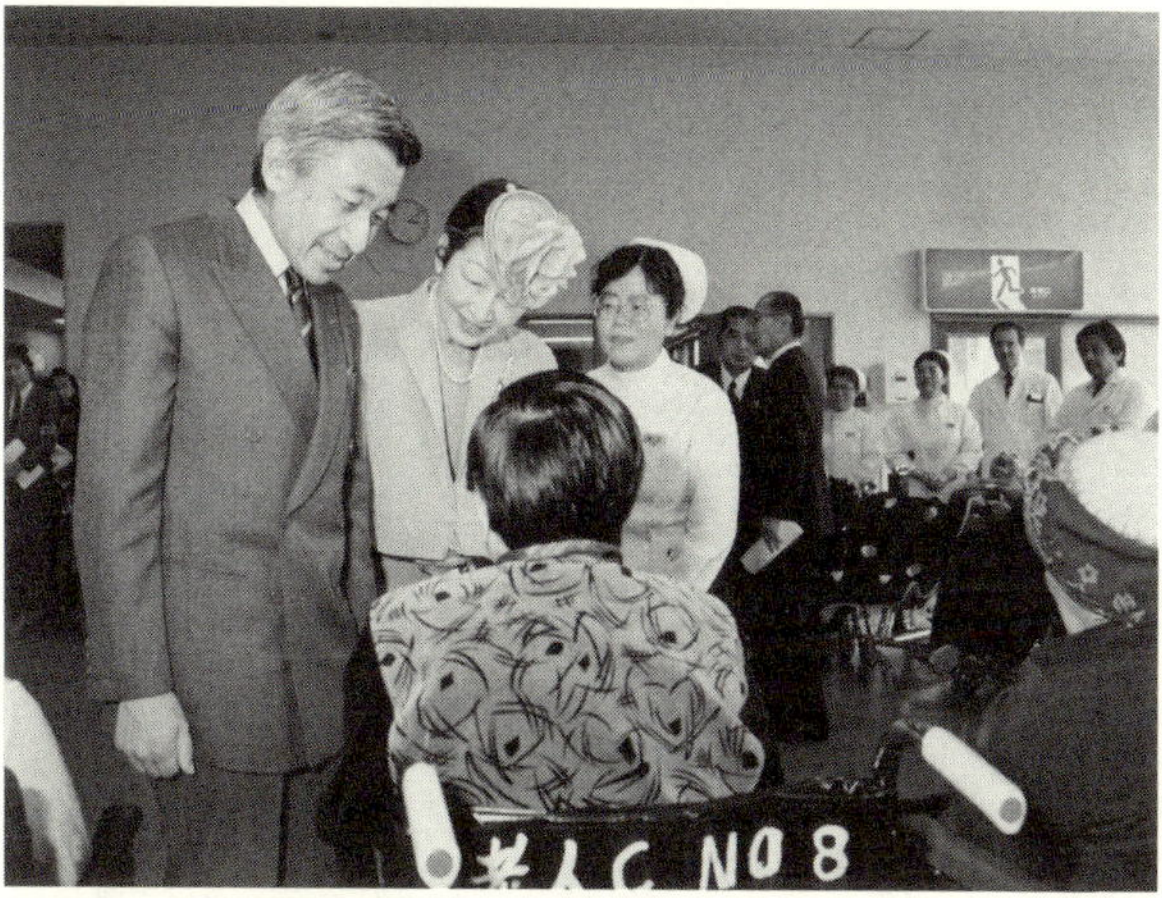

国立療養所多磨全生園を慰問した天皇、皇后両陛下
(1991年3月4日、東京都東村山市)

が、周囲に「家族に迷惑がかかる」と反対された。偽名で郵送した。

この病気は完治しても指や鼻が欠失する後遺症の外見で、偏見を持たれる。ひどい言葉も浴びせられた。

「両陛下の訪問は、さだめを受け入れ、前向きに生きるきっかけになりました」と振り返る。

山内さんは六十歳を過ぎて、幼くして両親を亡くした女子高校生の里親になった。「親というものになって、人としての責任を果たしたかった」

娘は良き伴侶に恵まれた。居室の壁一面に四人の孫の写真がはってあった。七十歳でパソコンを購入。メールやネット通販を楽しむ。「今が一番幸せ」とほほ笑んだ。

皇后さまは二〇〇四年十月、古希の誕生日に際し、こんな言葉を残している。「まだ若かった日々に、社会の各分野で高い志を持って働く多くの年長の人たちの姿を目のあたりにし、その人々から直接間接に教えを受けることができたことも、幸運でした」

「（中略）弱く、悲しむ人々の傍らに終生よりそった何人かの人々を知る機会を持ったことは、私がその後の人生を生きる上の、指針の一つとなったと思います」

生きる指針になった一人が、ハンセン病医療に生涯をささげた精神科医、神谷美恵子さんではないか、と想像する。

皇太子妃時代、流産などで体調を崩したとき、相談相手になったのが、皇后さまの二十歳年上の神谷さんだった。

「なぜ私たちでなくあなたが？／あなたは代わって下さったのだ／代わって人としてあらゆるものを奪われ／地獄の責苦を悩み抜いて下さったのだ」。神谷さんがハンセン病患者にささげた詩の一節だ。

皇后さまは、ハンセン病は感染力が弱く完治するのに、科学的根拠のない偏見で元患者が重大な人権侵害に苦しんだ歴史を深く学ばれていた。両陛下は、老いた元患者の手を握るという身ぶりを通じ、家族から、古里から切断された「あなた」の名誉回復を社会に促した、といえるだろう。

患者を強制的に隔離する根拠になった「らい予防法」が廃止されたのは一九九六年。両陛下の全生園訪問の五年後のことだ。（W）

昭和天皇の残像を乗り越えて

一九九一（平成三）年七月十日、天皇、皇后両陛下は長崎県の雲仙・普賢岳噴火の被災者を見舞うため、島原市などを日帰り訪問された。

一カ月余り前の六月三日、大火砕流により四十人以上の死者、行方不明者が出ていた。火山活動はまだ終息しておらず、訪問中も小規模の火砕流が発生していた。天皇が災害が継続しているさなかに被災地を見舞うのは初めてだった。

避難所で床に膝をついて被災者に言葉をかける両陛下。同じ目線で人々に寄り添う「平成流」の始まりとして〝伝説〟となっている。

ただ、当時注目されたのは「膝をついてのお声かけ」よりも、ノーネクタイでワイシャツを腕まくりした天皇陛下の姿だった。天皇はどんな場でも国民の前ではスーツの正装というイメージを覆した。

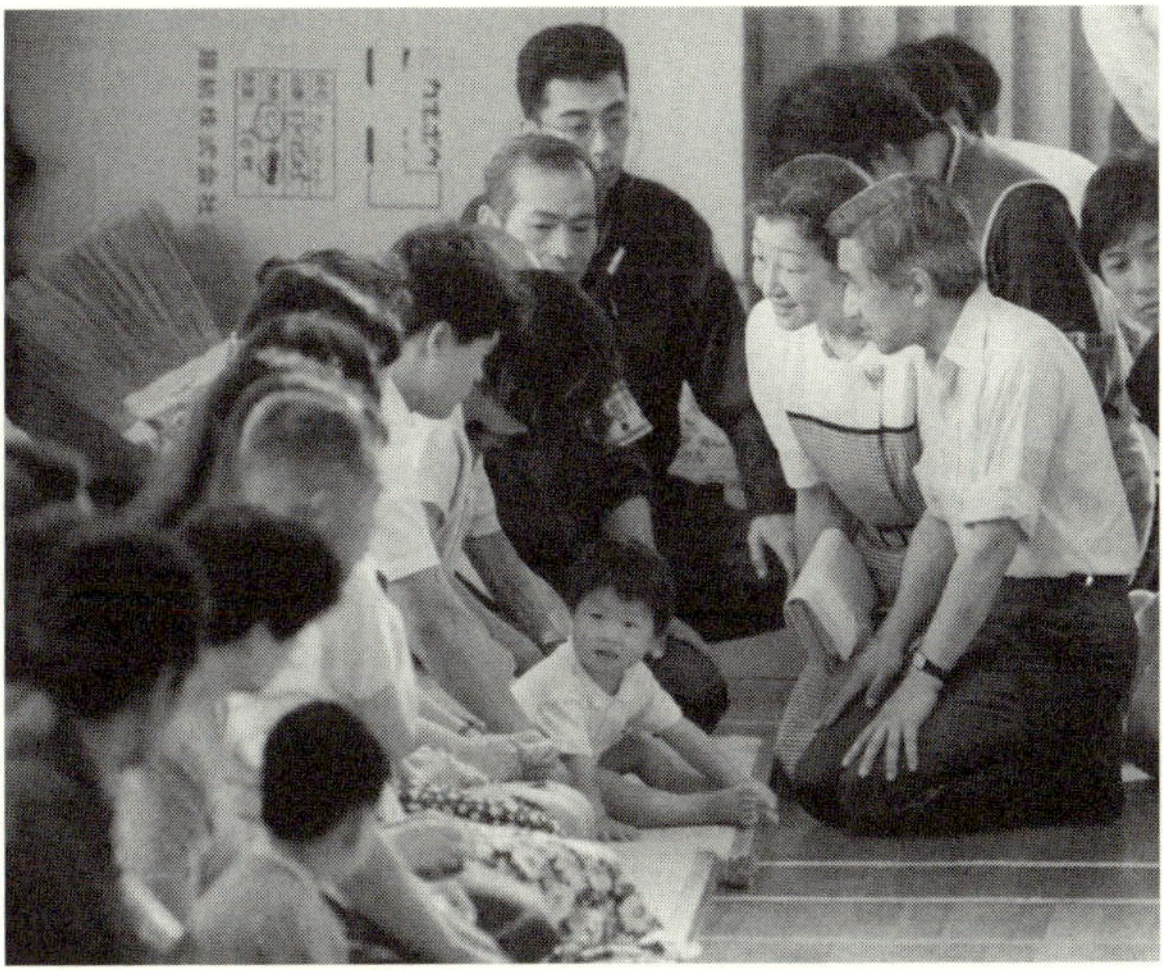
雲仙・普賢岳の噴火被災地を訪問し、避難住民を励ます天皇、皇后両陛下（1991年7月10日、長崎県島原市の市立第一小学校）

天皇と国民の距離を一気に縮めたこの被災地訪問に対して、称賛と同時に「天皇らしくない」と昭和時代を知る宮内庁関係者から批判があったことも定説化している。

しかし、当時の侍従の一人は「両陛下のお見舞いスタイルについて批判的な意見を聞いたことはなかった。侍従の間で話題になったこともない」と証言する。

別の宮内庁関係者は「宮内庁ではまだ『天皇＝昭和天皇』であり、それが価値観になっていた。代替わり間もない時期はそういうもの」と話す。批判はお見舞いのスタイルに向けられたというよりも、昭和天皇像と比較した不満だったのかもしれない。

一九七六（昭和五十一）年、ある新聞に「皇太子殿下＝パ・リーグ論」という記事が掲載された。実力はあるが人気の面でセ・リーグに後れを取るプロ野球のパ・リーグになぞらえ、「真面目で堅実だが、将来の天皇としてはいまひとつ」という評価だった。

昭和一けた世代の作家、半藤一利さん（87）は「私たちの年代の人間は、皇太子時代の天皇陛下に対して、大丈夫かな、という印象があったのは確か」と述懐する。

五九年四月、両陛下の結婚に合わせて創刊された週刊文春で当時記者だった半藤さんは「（パレードで両陛下が乗った馬車の）その車輪がきしる玉砂利の音を、天皇の名のもとに死んだ幾百万人の骨が泣いている声だと思うヘソマガリもあるだろう」と書いた。

「戦争のことをちゃんと考えてくださいよ、という思いだった」。その厳しい目を「完全にひっくり返した」のが、両陛下の沖縄に対する姿勢だった。「お二人が昭和の戦争と国民のことを真剣に考えていることが分かった」と言う。

そして戦後六十年、二〇〇五年のサイパン訪問。半藤さんはバンザイクリフで拝礼する両陛下の後ろ姿に「私が従来持ち続けてきた天皇像とは違うものだと確信した。ある意味、昭和の象徴天皇は未完だった。両陛下は国民統合の象徴として天皇はどうあるべきかを考え抜き、それを示した。あれ以来、本当に敬意を抱いている」と話す。

長い天皇の歴史の中でも特筆すべき存在だった昭和天皇。天皇陛下は皇后さまと共に「実力」でその残像を乗り越え、新たな天皇像を確立した。（Ｉ）

史上初の訪中で苦心のお言葉

「両方とも断ろうと思う」。天皇陛下はそう言われたという。

一九九二（平成四）年十月、日中国交正常化二十年を記念して実現した史上初の天皇訪中。中国側は「ぜひお訪ねいただきたい場所」として、万里の長城と西安の兵馬俑《へいばよう》博物館を挙げていた。

陛下が難色を示された理由は「西安で兵馬俑を見学すると移動などで一日がかりになる。同市内に視察したい歴史博物館がある」「世界から観光客が集まる長城で、警備の規制で見学できない人が出たら気の毒」というものだった。

単なる観光地巡りではなく、中国の文化、人々と触れ合いたいという思いが陛下にはあった。これに対し、自国の誇る歴史遺跡を素通りされてはメンツが立たない中国側は「せめて一カ所でも」と重ねて要請し、長城訪問だけは実施された。陛下は「くれぐれも人払いなど

歓迎晩餐会で楊尚昆国家主席と乾杯する天皇陛下
（1992年10月、北京・人民大会堂）

しないように。自分たちは一般の観光客の中に入って見学する」という条件付きで承諾されたという。

「中国は一九八九年の天安門事件で国際的に孤立していた。天皇、皇后両陛下にぜひ来ていただきたいと礼を尽くしてお願いする姿勢で、日本側の要望はほぼ受け入れた」と、宮内庁式部副長として両陛下訪中に同行した苅田吉夫さん（81）は当時の状況を語る。

最大の焦点は歓迎晩餐《ばんさん》会での天皇陛下のお言葉。「わが国が中国国民に対し多大の苦難を与えた不幸な一時期がありました」と日中戦争に触れ、「私の深く悲しみとするところ」「このような戦争を再び繰り返してはならないとの深い反省」などの言葉が並んだ。

苅田さんは「私の知る限り、お言葉に関して中国側との事前の打ち合わせはなく、むしろ国内向けに気を遣う面が多かったと思う」と言う。訪中が天皇の「謝罪の旅」になることに反発する世論が根強かった。

「一九七二年に国交を結ぶ際の『日中共同声明』の内容を超えない範囲で、象徴としての立場から陛下のお気持ちが伝わるようにする」という方針で文案が練られた。

共同声明には「(日本側は) 中国国民に重大な損害を与えたことについての責任を痛感し、深く反省する」との文言がある。このラインを守り、陛下のお気持ちを加えた苦心の作だった。

晩餐会でのお言葉のあと席に戻られた陛下に対し、楊尚昆国家主席は「温かいお言葉をありがとうございます」と述べ、和やかな雰囲気で食事が始まった。皇后さまが作詞した童謡「ねむの木の子守歌」や両陛下の結婚を記念して作られた「祝典行進曲」が演奏されるなど、中国側の気配りが随所に見られた。

北京、西安、上海の三都市を巡る六日間の旅は友好ムード一色に染まった。しかし、その後の日中関係は歴史や尖閣諸島の領有問題などでぎくしゃくする時期が続いた。

それでも苅田さんは「日本はすべての国と友好関係を築くのが基本。一番近くの大国であり、歴史的に関係が深い中国に天皇が行かないわけにはいかない。訪問は必要なことだった。今振り返っても、あの時ほど気持ちよく行けた時期はその後はなかっただろう」と話している。

（Ｉ）

皇太子結婚へ長い山道

「浩宮のことについては、慎重には大事と思うが、慎重に過ぎて好きな人がいなくなったり、いたずらに時を過ごしてもよくない」

一九八八（昭和六十三）年四月初め、昭和天皇は富田朝彦宮内庁長官から浩宮（現在の皇太子さま）の「お妃選考《きさき》」の経過報告を受けた際、このように語った。

このとき皇太子さまは二十八歳。二月の誕生日会見での「（選考は）富士山にたとえれば七、八合目」という登山家らしい発言もあり、報道は過熱していた。実際、選考が具体的に進んだこともあったが、相手方の辞退もあり行き詰まっていた。

昭和天皇はこのあとも選考状況を聞き続けた。どの時代の天皇も皇統の継続が第一の心配事というが、それゆえだったのだろうか。

天皇は九月に吐血し闘病に入った。皇太子だった天皇陛下は、昭和天皇が存命のうちに結

朝見の儀で両陛下にあいさつする皇太子ご夫妻
(1993年6月9日、宮殿・松の間)

婚の報告をすることを望まれていた。秋篠宮さまも川嶋紀子さんとの結婚の意思を固めており、兄弟の慶事を伝えたいという思いもあったという。

しかし、その報告を聞かずに昭和天皇は翌年一月に亡くなる。代替わりの諸行事が続き、お妃選考は停滞した。その後、「静かな環境」で皇太子妃選考を進めたいという宮内庁の要請を受け、九二(平成四)年二月以降、日本新聞協会など各報道団体は一定期間の報道自粛を申し合わせた。

この機会をとらえ、当時の藤森昭一宮内庁長官は皇太子さまの意中の人、外務省勤務の小和田雅子さんで話を進めることを決意した。一時は有力な皇太子妃候補だったが、様々な理由で白紙に戻っていた。皇太子妃選考は慎重に過ぎ、時を過ごしてきたかもしれないが、「好きな人」はいなくなってはいなかった。

同年五月、長官は小和田家と親交のある元外務次官の柳谷謙介氏に仲介を依頼する。八月、皇太子さまと雅子さんは約五年ぶりに再会。十月には千葉県市川市の宮内庁新浜鴨場で皇太子さまがプロポーズ。雅子さんは悩んだ末、十二月十二日に皇太子妃となることを受諾した。

よく知られているストーリーだが、「九一年夏に小和田さんで確定という話を聞いた」（警察関係者）との情報もあった。皇太子さまの元側近は「鴨場の話は多少脚色もあるようだが、いいじゃないですか、ロマンス仕立てで」と話していた。

七、八合目から胸突き八丁を経て、頂上（思いを寄せる人）にたどり着いた皇太子さまのひたむきさに国民は親しみを感じた。九三年六月九日、結婚の儀が行われ、雅子さんは「皇太子妃雅子さま」になった。

ある宮内庁幹部は皇太子さまの理想の女性像について「ある種の鋭さ、知性美があり、ひとつの分野に精通して生き生きとした魅力を備えた人」と語っていた。雅子さまの清新な印象は、皇太子妃としてミッチーブームを巻き起こした当時の皇后さまとも重なった。

この間、両陛下は皇太子さまの結婚について心情を語ることは極力控えられていた。その喜びと期待は、結婚を祝う皇后さまの歌に凝縮されている。

――たづさへて登りゆきませ山はいま木々青葉してさやけくあらむ　（I）

沖縄への果たすべき務め

沖縄生まれの芥川賞作家、目取真俊さんに「平和通りと名付けられた街を歩いて」という小説（初出一九八六年）がある。当時の皇太子ご夫妻の沖縄訪問に対する県民感情を描いた。

「戦争であれだけ血を流させておいて、何が献血大会か」。作中人物のひとりのつぶやきだ。ご夫妻は八三年七月、献血を推進する行事のため沖縄を訪問している。

九三（平成五）年四月。天皇、皇后両陛下は、全国植樹祭出席のため沖縄県を訪問された。長い皇室の歴史で、天皇がこの島に足を踏み入れるのは初めてだった。警備当局はテロを警戒。両陛下は本土では決して使うことのない防弾車で移動した。

当時の日本経済新聞に、教え子を戦場に送り、悔恨の念を抱え続ける元教師（79）の談話が載っている。「できれば来てほしくない。天皇がいまさら沖縄に来て謝罪の言葉を言った

沖縄平和祈念堂で戦没者遺族に声を掛ける天皇陛下と皇后さま（1993年4月、沖縄県糸満市）

としても、私たちの苦しみは償えない」

皇室に対する否定的な感情が渦巻いていた。目取真さんは、地上戦を生き延びた人々の集合的記憶を作品の主題にしたのだ。

県民にわだかまる昭和史がいくつかある。

四五年二月の近衛文麿の昭和天皇への上奏。近衛は「最悪なる事態は遺憾ながらもはや必至」「一日もすみやかに戦争終結の方途を講ずべき」と進言した。これに対し天皇は、「もう一度、戦果をあげてからでないと」などと発言。沖縄戦と天皇の判断の関係を問う県民の声がある。

いわゆる「天皇の沖縄メッセージ」もそうだ。四七年九月、昭和天皇が宮内庁御用掛の寺崎英成を通じて連合国側に伝えた見解で、米国による沖縄の軍事占領の継続を天皇が望んでいる、という内容だ。米国立公文書館で資料が確認され、沖縄の人々に衝撃を与えた。〈思はざる病となりぬ沖縄をたづねて果さむつとめありしを〉。昭和天皇、晩年の歌だ。が、訪問することなく逝去した。

平成の天皇が相続した「果たすべき務め」とは何だったのか。

「払われた多くの尊い犠牲は、いっときの行為や言葉によってあがなえるものではなく、人びとが長い年月をかけて、これを記憶し、一人ひとり、深い内省の中にあって、この地に心を寄せ続けていくことをおいて考えられません」

七五年七月、皇太子時代に初めて沖縄を訪ねた際、ひめゆりの塔で、過激派の男に火炎瓶を投げつけられた。怒りの炎に包まれそうになったその日の言葉だ。

両陛下は二〇一六年三月末、在位中最後となる沖縄訪問を希望し、糸満市の戦没者墓苑で供花された。

両陛下と言葉を交わした遺族連合会元会長、照屋苗子さん（82）に聞いた。「一九九三年にお会いしたときは複雑な気持ちでした。感謝というよりは、どうして戦争が起こったのだろうと。肉親を失ったものですから」

「陛下が沖縄にお心を寄せ、琉歌を作ったり……。犠牲者に対して追悼をしてくださることなどが分かってきて。もうこれでいいんじゃないかな。今の気持ちは本当に感謝の気持ちで喜んでお迎えしています」

いっときの言葉ではあがなえない——。長きにわたる県民との交流で、その真情が伝わったように見えた。（W）

皇室バッシング報道

天皇、皇后両陛下が望ましい公務の在り方を模索していた平成の離陸期に、雑誌メディアなどが、天皇家を批判する報道を半年にわたり継続した。「皇室バッシング」と呼ばれた。

一九九三（平成五）年六月以降「美智子さまにみるロイヤル・パワーの〝威力〟」（サンデー毎日）、「皇室の危機　菊のカーテンの内側からの証言」（宝島30）などの記事が相次ぐ。

昭和天皇の元側近や宮内庁職員を名乗る匿名の人物が、「天皇に私なし」「よきにはからえ」に徹した先帝の遺徳を慕う一方、新天皇ご一家の振る舞いを「マイホーム主義的」などと非難する論調が目立った。

多くの国民が激動の昭和を天皇と歩み、苦楽を共にしてきた、と感じた。その喪失感。「象徴」ではなく「神聖不可侵」の残像を懐古する気分もあった。新天皇家への批判はもっぱら、民間から嫁ぎ、庶民的で開かれた皇室のアイコンであった皇后さまに向かった。

週刊文春が新御所の建設をめぐって、「美智子皇后のご希望で　昭和天皇が愛した皇居自然林が丸坊主」の見出しで報じた記事などがその代表例だ。

皇后さまは、九三年十月の誕生日の際、宮内記者会の質問への文書回答の中で、一連の報道に反論された。「事実でない報道には、大きな悲しみと戸惑いを覚えます。批判の許されない社会であってはなりませんが、事実に基づかない批判が繰り返し許される社会であってほしくはありません」

当時の側近は、「通常は宮内庁長官が回答書面に目を通すが、その手続きがなかったように記憶している」。同庁も混乱していた。

皇后さまは五十九歳の誕生日を迎えた同月二十日午前、赤坂御所で突然倒れた。間もなく回復したが、言葉が出ない症状が続いた。

後に皇室医務主管に就く金沢一郎東大教授（当時）は、「長期に及び心に大きな傷を受けておられたことは明らかであり、症状はこの傷によるものと判定してよいと思う」。一連の報道と皇后さまの「失語」の因果関係を認めた。

事件はその後、起きた。同年十一月、皇室批判記事の発行元の出版社や社長宅に、何者かが銃弾を撃ち込んだのだ。一九六一年、小説「風流夢譚《むたん》」が皇室をおとしめたとして右翼が起こしたテロ事件を想起した人も多かった。

が、決定的な違いがあった。銃弾が、リベラルな言論人ではなく、戦前の天皇制に郷愁を抱くがゆえに、平成の皇室に嫌悪感を示す保守派の言論に向けられた点だ。

昭和天皇の側近は、新憲法施行後、戦前回帰を思わせる言動を「しないこと」に細心の注意を払った。が、陛下は、象徴にふさわしい行為を「すること」を模索されていた。「すること＝能動的な象徴天皇像」の核心は、戦没者や遺族、障害者、被災者らの傍らに立ち、人々の負った「傷」を回路に社会の融和を祈ることだった。

バッシング報道が両陛下に与えた影響があったとしたらそれは何か。理想とする象徴行為を一層、「全身全霊」で果たされる契機になったこと。メディアを通じ国民の目に映る自画像を、より意識されるようになったことであろうか。

（W）

阪神大震災被災地で見えた象徴像

「まっしぐらに直進していく」という表現がふさわしかった。

被災者のなかに高齢者や車いすの身障者を見かけたときの皇后さまの反応だ。「つらかったですね」「がんばってくださいね」と、一人ひとりの目をしっかりと見てお見舞いの言葉をかけ続けた。

一九九五（平成七）年一月三十一日、天皇、皇后両陛下は阪神大震災の被災地（神戸市や淡路島など）を日帰り訪問された。

避難所となっていた神戸市東灘区の市立本山第二小学校で案内役を務めた当時の校長、岩本しず子さん（83）は「皇后さまが進まれるペースが遅いので、お付きの方から『次の予定もあるので、早くご案内してください』という指示が絶えずきていた」と話す。

岩本さんがそれを伝えても、皇后さまは声をかけるのをやめなかった。そのうち「皇后さまのお気持ちに合わせてください」との指示が改めてきた。印象的だったのが天皇陛下の姿だったと岩本さんは言う。

「皇后さまのお声かけに時間がかかるので、少し前の方でお待ちになっている。振り返って見つめているまなざしの温かさが忘れられない。そして、被災者に対してもその温かさのままで、心を込めてお見舞いをされていた」

両陛下が阪神大震災被災地を見舞った日は寒かった。天皇陛下はジャンパー、皇后さまはジャケット姿。岩本さんにはとても薄着に見えたという。両陛下は被災地の道路事情に配慮して、御料車を使わずバスで移動していた。迎えの際は渋滞でなかなか到着せず、両陛下は寒風のなかでしばらくたたずんでいた。

「避難所だった学校には周辺地区からも人が集まって、立錐の余地もないほどだった。両陛下が来られたことで活気づいていた。寒いなか来ていただいた、本山地区一帯のことが忘れられていない。上から目線ではなく、見守られている」と岩本さんは感じたという。

皇后さまは避難所で涙ぐむ女性を抱きしめ、行く先々でバスのなかから「がんばって」とこぶしを握りしめるポーズで被災者を励ました。冬空の下、突然の災害で生活の場を失った人々の心はどれほど温められたことだろう。

――天皇が被災者の前でひざまずいたり国民に愛されようという必要はない。

避難所を訪れ、被災者の女性を抱きしめ慰める皇后さま
(1995年1月、神戸市東灘区の本山第二小学校)

文芸評論家の江藤淳は、この翌月に発売された月刊誌に掲載された論考でこう主張した。国民と同じ目線で寄り添う「平成流」に違和感を示し、神格化された「戦前型」の天皇像に郷愁を持つ一部保守派の意見を代弁したものだった。

国民の上に超然としているべきか、一人ひとりと目を合わせ、人間としての体温を感じられる存在か。人々がどのような天皇、そして皇后を望んでいるか、このとき議論を待たずに勝負はついていた。

阪神大震災以降、両陛下の災害被災地でのお見舞いスタイルに対する批判はほとんどなくなった。九五年は戦後五十年でもあり、初めて行われた慰霊の旅とともに、「象徴のあり方」が国民の目の前にはっきりと提示された年だった。平成の天皇と皇后の大きな節目だったといえよう。

（Ｉ）

戦没者を忘れないための旅

バリバリッ、と音がするたびに、当時十歳だった下平作江さん（83）は耳をふさぎ、「やめてください」と泣きながら叫んでいた。

長崎市の爆心地に近い浦上川沿いに、原爆で亡くなった人たちのおびただしい数の遺骨が放置されていた。終戦後に進駐した米軍は、そこに滑走路を造るため、土をかぶせて骨ごとローラーで平らにする工事を行った。砕かれていく骨のひとつは、遺体の行方もわからない母のものだったかもしれない。

戦後五十年の一九九五（平成七）年七月二十六日、天皇、皇后両陛下は初めての慰霊の旅を長崎から始めた。当時、長崎原爆遺族会会長を務めていた下平さんは、被爆者代表の一人として両陛下と懇談した。両陛下に会ったら、ゴミのように扱われた原爆犠牲者の遺骨の話をしたいと思っていた。

「お歩きになっている足の下には苦しんで死んでいった多くの人たちの遺骨が埋まっている。それを実感していただいて、二度と戦争をしてはいけないと考えていただきたい」

しかし、懇談時間は短く、この話はできなかった。原爆で母と兄、姉を失い、生き残った二つ下の妹も原爆の後遺症で悩み、十八歳で自殺したことは伝えた。

天皇陛下は「大変な思いをして生きてこられたのですね」と静かに言われた。皇后さまは目にいっぱい涙をためて下平さんの手を握っていた。

「気の毒だが、やむを得ない」。昭和天皇は七五年の記者会見で広島、長崎への原爆投下について、戦争であることを理由にこのような発言をしたことがあった。戦後五十年の時点でも、この発言にわだかまりを持つ被爆者は少なくなかった。

——天皇にとって庶民の存在はさほどのものではないのか。下平さんにもそのような思いがあったが、両陛下に会い、気持ちは一気に和んだという。

「健康に不安を抱き続ける被爆者の悲しみ、苦しみはいかばかりか」

「原子爆弾に対する世界の認識が深まり、人類がこのような災いを二度と経験することのないよう切に平和を願い、犠牲者の冥福を祈ります」

天皇陛下は長崎と翌日の広島訪問にあたり異例の「お気持ち」を発表した。翌八月訪問の沖縄と東京大空襲犠牲者に対しても、それぞれ公表された。下平さんはいま改めて「お気持ち」を読み、「天皇陛下が原爆被害の悲惨さを深く理解し、それを広く世に伝えてくれたことに感謝します」と話す。

平和公園で拝礼、供花して原爆犠牲者の慰霊を終えた天皇、皇后両陛下
（1995年7月、長崎市松山町）

懇談のあと、両陛下から下平さんに「夕食を一緒に」と誘いがあったが、「畏《おそ》れ多い」と辞退した。両陛下には、短時間の懇談では不十分で、被爆者の苦難について、もっと話を聞きたいという思いがあったのかもしれない。

この年の誕生日会見で陛

下は「今日の日本がこのような犠牲（戦没者）の上に築かれたことを心に銘じ」と述べられている。

以後、戦後六十年、七十年の節目に行われた慰霊の旅で、両陛下は海外の戦跡地サイパン、パラオの地を踏んだ。悲惨な戦争の犠牲者が眠る大地の上にわれわれは立っている。そのことを忘れないための旅だった。（Ｉ）

皇后さまの詩魂、共感の輪

一九九五（平成七）年、歌人の岡井隆さんが、戦後五十年の節目に編んだ『現代百人一首』。敗戦からバブル崩壊までの秀歌をより抜いた。齋藤茂吉、釈迢空、塚本邦雄、寺山修司……。著名歌人にならび皇后さまの歌が収められている。

〈音さやに懸緒《かけを》截《き》られし子の立てばはろけく遠しかの如月《きさらぎ》は〉

長男、浩宮さま（皇太子さま）の成人を祝う宮中儀礼「加冠の儀」の様を詠まれた。成人の印である冠の緒の余った部分を、従者がハサミで切断する。静寂の宮殿にパチン、とすがすがしい音が響く。その残響が、やがて皇位に就くわが子と歩んだ月日を呼び覚ますのであった。岡井さんは、「言葉に緩みがなく、思いに甘えがなく、適度の緊張感をもって歌いきる方式である」と評している。

九七年に皇后さまの歌集『瀬音』が出版された。後にフランス語にも訳され、内外の人々が広くその調べの豊かさを知る機会になった。

特筆すべきは、人間の「立場の互換性」を主題にした歌の数々だ。皇后さまの相談相手でもあったハンセン病医療に尽力した医師、神谷美恵子さんが、「なぜ私たちではなくあなたが？」と苦しむ患者の手を握りしめたように。

民間から嫁ぎ、人に言えぬ悲しみも経た歳月が醸した詩魂であろう。社会に連帯と共感の輪を広げる確かな発信力を備えている。

〈かの時に我がとらざりし分去《わかさ》れの片への道はいづこ行きけむ〉

若き日。ひとたびは恐れ多いとためらった皇室入りである。選択しなかったもう一方の道はどんな世界へ通じていたのか。

〈知らずしてわれも撃ちしや春闌《た》くるバーミアンの野にみ仏在《ま》さず〉

アフガニスタンのタリバン政権による石仏の爆破。皇后さまは、これを人の心に潜む憎しみや不寛容の表象ととらえる一方、自身も気づかぬうちに他者を「撃つ」ことはなかったか、と省みた。絶唱である。

〈帰り来るを立ちて待てるに季《とき》のなく岸とふ文字を歳時記に見ず〉

両陛下は歌会始で欠席者の歌も詠み上げるよう心を配られた
(2006年1月の歌会始)

東日本大震災で行方不明になった肉親を待ち続ける人々に心寄せる歌だ。拉致事件など犯罪被害者の家族も含まれるかもしれない。「歳時記に見ず」とは、追憶の深さを言い尽くす、比類のない修辞だ。

忘れられない光景がある。二〇〇五年十月。天皇、皇后両陛下が、岡山県瀬戸内市の国立ハンセン病療養所「長島愛生園」を慰問された際の取材だった。

同園には一九九三年の宮中歌会始に応募し入選した全盲の谷川秋夫さん(当時81)が入所していた。両陛下に「体調が悪く出席できず、歌が朗詠されなかったのが残念でした」と語った。

皇后さまから、「どんな歌だったのか教えてください」と促されると、谷川さんは二度、詠進歌を朗唱した。

〈なえし手に手を添へもらひわがならす鐘はあしたの空にひびかふ〉

当時は、歌会始の欠席者の歌は朗詠しない慣例だった。が、両陛下は谷川さんの事例を残念に思い、その後は欠席者の歌も詠み上げるよう心を配られた。

日本の皇室と国民の間には、歌を媒介にした美しい交流がある。（W）

日系人を抱きしめて

君が代の斉唱が始まると、会場の前方席から大きな歌声が響いてくる。後方からはほとんど聞こえない。次にブラジル国歌の斉唱になると、後方からの歌声が断然大きくなった。「時代とともに、日系人社会もこうなっていくんだな」。平成の半ばに十年余り侍従長を務めた渡辺允さん（82）は、一九九七（平成九）年六月の天皇、皇后両陛下のブラジル訪問で、この光景が印象深かったと振り返る。

ブラジルではサンパウロなど六都市を訪問、各地で日系人の歓迎式典が開かれた。会場では日系一～二世が前方、三～四世が後方の席を占めることが多かった。当時、ブラジルの日系人は約百三十万人だったが、一世は一割を切っていた。世代交代が進むにつれ、日系人はブラジル社会へ同化し、三〜四世は日本語を話さなくなっていた。

ブラジルへの日本人移民は一九〇八年に移民船・笠戸丸が神戸港を出港したことに始まる。太平洋戦争で移民がストップするまで、約十九万人が渡航した。ただ、そのほとんどは財をなしたあと帰国を予定していた出稼ぎだった。

日本は急増する人口に国内の食糧生産が追いつかず、政府は「口減らし」の狙いもあって移民を奨励した。送り出したあとの面倒は見ず、後年、棄民政策として批判されている。出稼ぎ目的だった一世は日本人だけの社会に閉じこもり、現地社会に溶け込まずに孤立した。それゆえか「日本人」としての自己意識、愛国心は強くなり、太平洋戦争後は日本の敗戦を信じない「勝ち組」が「負け組」を襲う悲劇が起きた。

両陛下は皇太子夫妻時代にも二回ブラジルを訪問している。「日系人がいたからこそ。外国籍であっても日系人は日本人という認識だ」と渡辺さんは話す。「日本国民統合の象徴として、外国籍の日系人も統合の対象とみなすとなると、人種主義と受け取られかねないが、渡辺さんはそうではないと言う。

「日本をルーツとする人たちを大切にしたいということ。とくに一世は日本国内の人たちとは違う苦労を経験している。海外の日系人のことにいつも関心を持たれていて、そういう人たちをねぎらいたいという思いがある」

ベロオリゾンテという都市で、空港からホテルまでの高速道沿道に多くの日系人が切れ目なく並んで出迎えていた。

それを見た天皇陛下は車列をスローダウンすることを要望し、皇后さまと共に手を振り続けた。

ただ、この予定外の対応で規制時間が延び、後続で大渋滞が発生してしまったのだが……。陛下にとって沿道の日系人は「統合する」というよりも、「抱き

日系人主催の歓迎行事で皇后さまの手を握り涙ぐむ女性
(1997年6月、ブラジリアの日本大使館)

しめる」べき人々と映ったのかもしれない。

九〇年代からはブラジルから日本へ日系人の「デカセギ」が急増。両陛下は移民百周年の二〇〇八年、日系ブラジル人が多く住む群馬県太田市などで日本での苦労をねぎらわれた。

渡辺さんは「陛下は日系人を受け入れてくれた国々に感謝の思いがある。いまはこちらに出稼ぎの人たちが大勢来ている。こんどは日本が親切にしなければならないということでしょう」と話している。

（Ｉ）

ひとりから見える国の姿

そのとき、その場にいた人たちには、さしたる驚きはなかったという。

お年寄りたちのじゃんけんゲーム。負けたら相手の肩をもむ。誘われた天皇陛下は、八十歳すぎの女性との勝負で負けた。周囲から笑い声が起き、陛下は女性のうしろに回り、やさしく肩をもんだ。

一九九七（平成九）年九月十二日、東京都板橋区の特別養護老人ホーム「いずみの苑」。国民と同じ目線で接する「平成流」の例としてよく語られる〝ハプニング〟だ。

元宮内庁長官の羽毛田信吾さん（76）は「お年寄りを制止しようという雰囲気はなかった。陛下にも無理して国民のなかに入っていこうという構えた感じはない。すーっと、あまりに自然になされたので、これが平成の天皇の新しいあり方なんだ、ということすら思わなかった」と記憶をたどりながら話す。

厚労省の老人保健福祉局長として立ち会っていた。四年後に宮内庁次長に就任。その後、長官として両陛下を支える立場になる。

「国民とか国とか、大きな言葉だけではなく、一人ひとりに心を寄せる。個から全体を見る。それが陛下の象徴としてのあり方の基本。あのときそれを見たんだ、と宮内庁に来てから気がついた」

当時の報道は、この「じゃんけん、肩もみ」にあまり触れていない。昭和時代では考えられなかった天皇と国民の距離の近さ。それがまさに平成の天皇の姿を象徴する場面だったと意識されたのは、かなりあとになってからだった。

両陛下の高齢者施設訪問は九月の「敬老の日」にちなんで、ということで平成初期の九二年から、少し遅れて九六年からは五月の「こどもの日」にちなむ児童施設への訪問が始まったとされている。やはり、当初の報道は少なく、恒例の行事として認識されだしたのは九〇年代末以降のことだ。

二〇〇一年五月、こどもの日にちなんで訪れた都内の保育園では、両陛下は園児らのリズム体操の輪に加わった。お年寄りの肩をもみ、幼児とお遊戯をする天皇、皇后。「らしくな

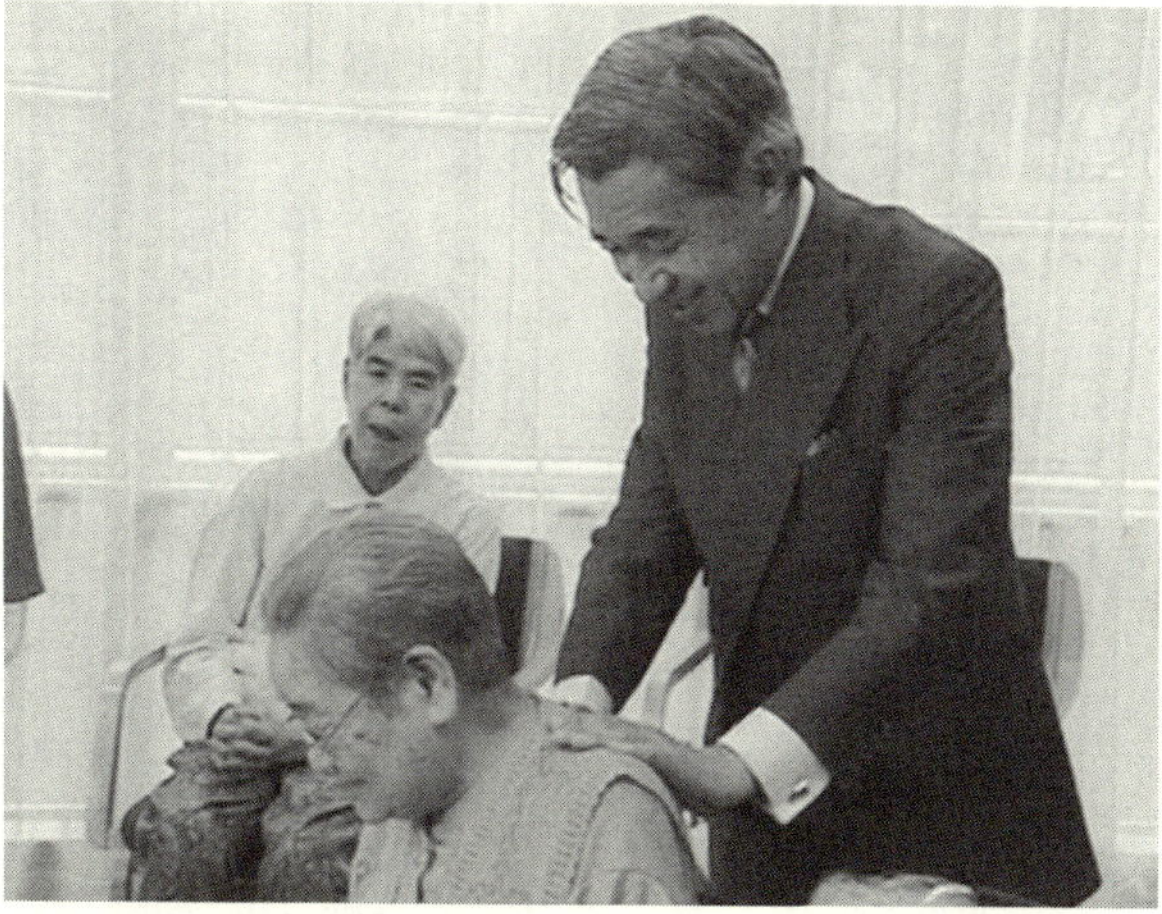

特別養護老人ホームでお年寄りの肩をもむ天皇陛下（1997年9月）

い」という声もあったが、「こういう天皇、皇后でいいではないか」と国民は思い始めていた。

「国民の側も両陛下の活動の意味に気がついてきたのではないか。即位間もない時期だったら、周囲の反応も違っていたかもしれない」と羽毛田さんは言う。

なぜ「老」と「幼」の施設への訪問なのだろうか。

天皇陛下は一九九〇年代半ば以降、記者会見で再三、高齢化問題に触れられてきた。皇后さまは二〇〇〇年に介護保険制度が施行される前、制度について詳しく知りたいと希望された。担当局長だった羽毛田さんが説明し、「非常に熱心に聞いていただいた」という。

少子高齢化が深刻に議論されるよりも前のことだ。皇太子夫妻時代から全国各地、各種施設の訪問で様々な人々と触れ合うなかで、両陛下にはこの国の問題点が早くから見えていたのかもしれない。

国民個々の「現場」から得た「気づき」を、活動により示唆する。それまでに誰も想像していなかった象徴のあり方だった。（Ｉ）

「鵜呑みにしない」ハゼ研究

「何人の言も鵜呑《うの》みにしない」

天皇陛下はこの言葉に深い共感を覚えられているという。世界最古の科学学会、英国王立協会のモットーだ。

一九九八（平成十）年五月、陛下は同協会から「チャールズ二世メダル」を授与された。科学の進歩に顕著な貢献のあった「元首」に贈られるメダルで、陛下が受賞第一号だった。

「まだ婚約したばかりのころ、陛下は時々私にご専門の魚類につきお話をしてくださいましたが、そのようなとき、ティラピア・モサンビカ、オクシエレオトリス・マルモラータというように、いつも正確に個体の名を二名法でおっしゃっており、私はびっくりし、大変なところにお嫁に来ることになったと少し心配いたしました」

二〇〇七年の記者会見で、皇后さまは冗談めかして陛下の魚類研究について語られている。

陛下の研究といえば、ハゼの分類がよく知られている。これまでハゼに関して約三十編の論文を執筆し、新種も八種発表された。専門家は口をそろえて、その成果は日本だけではなく世界でも最高峰だと評価する。

三十年来の研究仲間の京都大学名誉教授、中坊徹次さん（68）は「系統分類学は並外れた根気が必要。ハゼの頭部の感覚器官の孔器は種ごとに配列が異なる。それを発見し、論文にしたのは陛下が初めて。いまのハゼ研究はそれを土台にしている。陛下の基礎研究はとても大きい」と話す。

中坊さんは陛下と議論することは、研究者として「恐ろしい」ことだと告白する。共著論文について、陛下が「この記述はあの論文に書かれていたでしょうか？」と疑問を示したことがあった。調べてみると、確かに記述はなかった。「鵜呑みにしない」陛下の真骨頂だ。「論文と実際に見たことを比べて疑問があれば、徹底的に調べる。一〜二個の個体だと変異を見逃してしまう。ときには複数種の個体の百以上の骨を調べられ、その結果、従来の見解が違っていたこともある。だから、陛下が『こうだ』と言えば、まず間違いない」と、研究

英国王立協会から贈られた「チャールズ2世メダル」を
披露する天皇陛下（1998年5月、ロンドン市内）

をよく知る関係者は言う。

この関係者によると、「陛下は時間を見つけるのが上手。十～三十分でも空き時間があれば、文献や標本を調べられる」という。皇太子時代、地方を訪問した際はよく「朝駆け」をされた。午前四、五時に起き、その地域の海や川に魚の採集に行く。昼は行事などで時間がとれないからだ。論文を仕上げるのは、調査、資料収集期間も含めて多くは十年仕事だという。

天皇陛下は一九八〇年にロンドン・リンネ協会の外国会員に選ばれ

た。会員は五十人限定で、名誉職ではない。動植物の名前を属名と種名で表す二名法を確立し、「分類学の父」といわれる生物学者リンネ。その名を冠した学術機関からの評価を陛下はことのほか喜ばれた。

二十七年後の二〇〇七年五月、同協会でのリンネ生誕三百周年記念行事で、陛下は「リンネと日本の分類学」と題する記念講演を行われた。

陛下は江戸時代以降の日本の分類学の先人の地道な歩みについて述べられた。その系譜に陛下のハゼ研究があることは間違いない。　（Ｉ）

読書がくれた根っこと翼

友人からは「火砕流のお多代」と呼ばれていた。児童文学への情熱と行動力、押しの強さに感嘆を込めたあだ名だった。

絵本研究家で元国際児童図書評議会（ＩＢＢＹ）会長の島多代さん。彼女との交流で開かれた児童文学という「窓」を通して、皇后さまの豊かな読書経験だけではなく、人格の奥行きも世に知られることになる。

島さんは聖心女子学院で皇后さまの三年後輩。一九八九（平成元）年、「ぞうさん」で有名な詩人のまど・みちおさんの詩の英訳を皇后さまに依頼する。九四年、まどさんは皇后さま訳の詩集が力になり、国際アンデルセン賞を受賞した。

皇后さまは、それまでも自身の著作の絵本の印税をＩＢＢＹに寄付したり、外国訪問のたびに児童文学関連の図書館などを訪ねられていた。詩の英訳が高い評価を受けたことで、日本の皇后の存在が国際的な児童文学の世界で認知された。

そして、九八年九月二十一日からインド・ニューデリーで開催予定のＩＢＢＹ世界大会での基調講演が依頼される。しかし、同年五月のインドの核実験により、大会の二週間ほど前に参加取りやめが決定した。

その翌日、島さんと皇后さまの英訳詩本を出版していた絵本編集者の末盛千枝子さん（77）が御所を訪れた。皇后さまは児童文学でつながった「腹心の友」二人に準備していた講演原稿を読んで聞かせた。

それは「子供の本を通しての平和――子供時代の読書の思い出」と題されていた。読書は「ある時には私に根っこを与え、ある時には翼をくれました」という。

読書は人と人の間に橋を架ける。人の悲しみ、喜びに思いを巡らせ、自分以外の人がいかに傷ついているかに気づかせてくれる、と。

「読書は、人生の全てが、決して単純でないことを教えてくれました。私たちは、複雑さに耐えて生きていかなければならないということ。人と人との関係においても。国と国との関係においても」

世界各国の絵本を集めたコレクション展「島多代の本棚から―絵本は子どもたちへの伝言―」を鑑賞される皇后さま。左は島多代さん（2014年4月28日、東京・銀座の教文館）

比類なき名文と感じた末盛さんは「同時中継やビデオ録画などの方法があるじゃないですか」ととっさに提案。そこからビデオ録画での講演へ向けた動きが進み、大会十日前の九月十一、十二日に英語、日本語での収録が御所で行われた。

立ち会った末盛さんは、「これは絶対に日本中の人にも見てもらいたい」と思ったという。二十一日の講演当日の夜、日本でもテレビで放送され、「皇后さまは、ああいう方だったのか」と大きな反響を呼んだ。現地のＩＢＢＹ大会で絶賛されたのは言うまでもない。

末盛さんは「控えめなため、お考えが十分理解されず、臆測で語られていた」皇后さまの人間像を、窓を開けて見えるように奮闘したのが島さんだと言う。

島さんは二〇一七年十一月、八十歳で亡くなった。闘病中、皇后さまは病床を見舞い、十二月一日の告別式前に式場を訪れ、別れを告げられた。ひつぎにはビデオ講演をまとめた本『橋をかける』が納められていた。

幼いころ小児まひを患った島さんは、強さだけの人ではなかった。生前、皇后さまをこう評していた。

「自分がどこかで悲しさを経験しているから、弱者に共感ができる。いざというとき、言葉で人を助けることが身についている人」

（Ｉ）

第二章　平成十一年〜二十年

日韓関係「個人としての相互理解」に希望たくす

今はもう、それを知る日本人は少数派だろう。

戦前、朝鮮の「李王朝」最後の皇太子に嫁いだ日本の女性皇族がいた。香淳皇后のいとこにあたる李（旧名・梨本宮）方子《まさこ》さん。一九八九（平成元）年四月に八十七歳で亡くなった。日本の朝鮮支配のためのいわゆる政略結婚だった。本人が知らぬうちに婚約が決まった、と述懐している。戦後の韓国社会で、障害者福祉に情熱を傾けた。

晩年、日本の病院で入退院を繰り返したが、「運命だから韓国で死にたい」と望んだ。ソウル市での葬儀に、天皇、皇后両陛下は弔花を届けられた。

日本と朝鮮半島をめぐる悲話のひとつだ。陛下にとっては、縁者の生涯を通じて知る、近現代史のひとこまである。

九〇年五月。盧泰愚韓国大統領が国賓として来日した際、陛下は、宮中晩餐《ばんさん》会で「我が国

金大中韓国大統領（右下）、高円宮ご夫妻とともにサッカーW杯決勝戦を観戦する天皇、皇后両陛下（2002年6月30日、横浜国際総合競技場）

によってもたらされたこの不幸な時期に、貴国の人々が味わわれた苦しみを思い、私は痛惜の念を禁じえません」とあいさつされた。

一方、大統領は、「韓国国民はいつまでも過去に束縛されていることはできません」と応じた。

未来志向と、歴史問題に根ざす対立。政府は八六年、昭和天皇の名代として当時の皇太子（今の天皇陛下）の訪韓を計画した。が、皇太子妃美智子さまのご病気など様々な事情で中止を決定。それ以来、実現の見通しは立っていない。

二〇〇二年の日韓共催サッカー・ワー

ルドカップ（W杯）は融和への糸口になることが期待された。W杯開催を控えた〇一年十二月。誕生日の会見で陛下はこんな発言をされた。

「私自身としては、桓武天皇の生母が百済の武寧王の子孫であると、続日本紀に記されていることに、韓国とのゆかりを感じています」

仏教を軸とした文化交流の歴史に触れつつ、「ワールドカップを控え、両国民の交流が盛んになってきていますが、それが良い方向に向かうためには、両国の人々が、それぞれの国が歩んできた道を、個々の出来事において正確に知ることに努め、個人個人として、互いの立場を理解していくことが大切と考えます」と結ばれた。

「個人」という立場に力点を置かれた。国と国との交流には様々なレベルがある。国家間の外交。民間企業によるビジネス。個人同士の草の根の交流……。とりわけ、自律した個人として過去を学び、相互理解を深める姿勢が両国の未来志向の前提である、とのメッセージだろうか。

〇七年一月。両陛下は、東京・JR新大久保駅で、線路に転落した人を助けようとして電車にはねられ、二十六歳の若さで死亡した韓国人留学生、李秀賢さんを題材にした日韓合作映画を鑑賞された。

上映後、両陛下は李さんの両親と懇談。「命を落とされて残念です」などと親しく言葉を交わされた。

二〇一八年一月、李さんの命日に訪日し、新大久保駅で献花を終えた父親の盛大さんを取材した。

「息子は韓日の懸け橋となるべく日本語を学んでいました。両国の関係が改善するよう切に願っています」と穏やかに語った。

陛下が希望を託された「個人としての相互理解」とは、このことなのだろう。

（W）

愛子さま誕生　喜びと苦悩

御所で待機していた天皇陛下は「内親王誕生」の知らせを聞き、安堵の様子だった。皇后さまは雅子さまの身を思い涙ぐまれていた。女児ということに両陛下が特別な反応を示されることはなかったという。

二〇〇一（平成十三）年十二月一日午後二時四十三分、皇太子家に愛子さまが誕生した。二年前の流産を乗り越え、皇太子夫妻にとって、結婚八年余りで待望の第一子だった。

両陛下も心から孫の誕生を喜ばれていたが、側近らは陛下の心中に敏感になっていた。それまでの苦悩を知っていたからだ。一九九〇年代半ば過ぎから、陛下は将来の皇位継承に関して思い悩んでいたという。

愛子さま誕生までに、両陛下には秋篠宮家の眞子さま、佳子さまの二人の孫が生まれていた。しかし、皇室典範は「男系の男子」にしか皇位継承を認めていない。即位後十年余り、孫世代に皇位継承者がいなかった。とくに皇太子家が子宝に恵まれないことを陛下は心配されていたという。

ときには不眠も続き、その心労の様子は「見ていられなかったほどだった」と、ある元側近は述懐する。そしてようやく訪れた皇太子家の慶事。愛子さま誕生の翌日、両陛下は満面の笑みで母子を見舞われた。

愛子さまとともに宮内庁病院を出る皇太子ご夫妻（2001年12月8日）

世間は「女性天皇」で騒がしくなっていた。この年の四月に雅子さまの懐妊の兆候が発表されたが、すでに翌月には小泉純一郎首相および与野党から女性天皇容認の声が上がっていた。現在は男系継承を強く主張している保守系新聞も「女性天皇への道を開くのは当然」と社説で書くなど、メディアも賛成一色だった。

皇太子夫妻に男女どちらが生まれるか分からない時期に女性天皇に関する議論が起きていた背景に、皇太子妃の負担があった。雅子さまは三十歳代後半で、すでに流産も経験されている。「男子を」と求めることの過酷さが認識され始めたといえる。

確率論で見れば、男子のみで皇位を継承する制度の不安定さは明らかだった。合理的に考える科学者である陛下自身がそのことを理解しているからこその苦悩だったと元側近は言う。

愛子さま誕生と同じ月に行われた誕生日会見で、女性皇族の役割などについて問われた天皇陛下は「皇族の立場について男女の差異はそれほどないと思います。女性皇族の立場は過去も大切であったし、これからも重要と思います」と述べられた。

元側近は「あくまでも推測だが、このときに女性天皇でも問題はないというシグナルを出されたのだと思う」と話す。

四年後の〇五年十一月、政府が設置した「皇室典範に関する有識者会議」は女性・女系にも皇位継承を認める報告書を提出した。しかし、翌〇六年九月に秋篠宮家に皇位継承権のある男児、悠仁さまが誕生したこともあり、この結論は棚ざらしのままだ。

〇八年十二月、陛下が心身の強いストレスが原因とみられる胃腸炎で倒れられた際、当時の羽毛田信吾宮内庁長官は「皇位継承問題が依然として残っていることへのお悩み」が要因と発表した。その状況はいまも変わっていない。

（I）

障害者スポーツに伴走

お言葉は国体としては異例の長さと内容になった。そこには天皇陛下の来し方への思いがあった。

二〇〇四（平成十六）年十月二十三日、埼玉県熊谷市で開催された第五十九回国民体育大会秋季大会開会式。同県での国体は一九六七年以来三十七年ぶりだった。

「秋季大会後に開催された第三回全国身体障害者スポーツ大会のために、再び埼玉県を訪れましたが、当時始められて日も浅かったこの大会が滞りなく行われるよう、関係者始め県民が協力し力を尽くしている姿に接し、深い喜びを感じたことが思い起こされます」

全国身障者スポーツ大会（現在は全国障害者スポーツ大会）は六五年、岐阜県で初めて開催された。前年に東京パラリンピックが行われていたが、障害者がスポーツを楽しむ環境が根付いたとはいえない時代だった。

長年、日本身体障害者スポーツ協会（現日本障がい者スポーツ協会）常務理事を務め、障害者スポーツ発展の礎を築いた井手精一郎さん（93）は「パラリンピック後、当時皇太子だった陛下が大会の役員らに『たいへんいい大会だから、日本でも毎年行ってもらいたい』と言われたと聞いている」と話す。

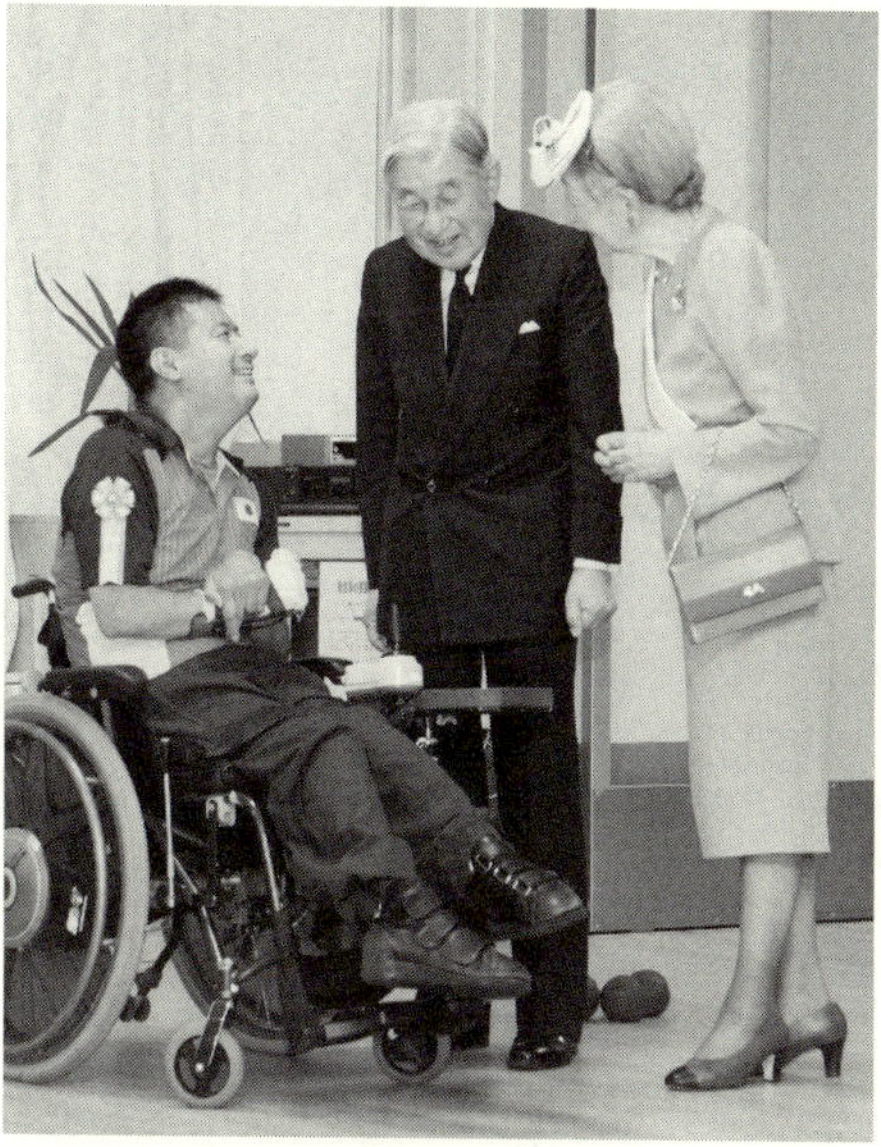

「太陽の家」のスポーツ施設で、パラリンピックを目指す選手と話す両陛下
（2015年10月、大分県別府市）

翌年の岐阜県国体に合わせて開催しようと検討したところ、県の担当者は「国体は三～四年前から準備をしている。今ごろになって障害者の大会をやれと言われても無理だ」と難色を示したという。身障者団体の要望などもあり、開催にこ

ぎ着けたが、「陛下の存在も大きな後押しになった」と井手さんは言う。

両陛下は「発案者」としての有言実行を示すように、第一回大会から毎回出席、〝伴走〟を続けた（八八年のみ昭和天皇の病気のため欠席。一九九〇年の二十六回大会から皇太子さまが引き継ぐ）。

大会でのお言葉は「スポーツは、身体に障害のある方々に、勇気と希望と自信を与え、明るい生活を築くために大きな力となると信じます」（九回大会）など、障害者スポーツが単なるリハビリではなく、生きがいをもたらすことを訴える内容が多い。

二〇〇四年の国体でのお言葉には大会の意義が社会に定着してきたことへの感慨もあっただろうか。両陛下はその啓発活動の中軸だった。

井手さんには強く印象に残っていることがある。一九六四年、障害者スポーツ大会の起源である英国のストーク・マンデビルでの大会に出場した選手と共に東宮御所を訪問した際、当時四歳だった皇太子さまと車いすの選手が卓球をすることになった。そこで陛下が「障害者だからといって手を緩めてはいけない。しっかりやりなさい」という意味のことを言われたという。

「障害者を英語では〝ハンディキャップト〟というが、〝不利な条件を背負った人〟といういい方には社会的な暖かみが感ぜられる。身心障害者も、老人も、妊婦も同じハンディキャップトであり、障害者だけを別扱いすることはない」（中村裕『太陽の仲間たちよ』）

東京パラリンピックの選手団長で、日本の障害者スポーツの父といえる故中村医師。障害者の自立施設「太陽の家」を創設し、両陛下とも交流があった。共通するのは「障害者を特別視しない思いやり」だった。（Ｉ）

児童文学通じ国際親善

天皇の「国事行為」は憲法に定めがある。被災地への慰問など憲法に明示がない象徴の立場に基づく「公的行為」に関しては、その妥当性や限界を巡って、政府見解や多様な学説により議論が重ねられてきた。

一方、女性皇族の公務はどうか。明治天皇の皇后、昭憲皇太后は、日本赤十字社などの事業に尽力。慈愛に満ちた大日本帝国の「国母」のイメージ創出に一役買った。戦後も歴史的経緯から皇后が赤十字社の名誉総裁に就任。皇太子妃雅子さまもこれを受け継ぐ。

女性皇族がなすべき公務とは何か。そもそも現行法は、積極的に公務を要請しているのか。深い議論がなされてきたとは言えない。

戦没者慰霊行事などで天皇に同行し、象徴としての公務を補佐する。そんな印象が強かった「皇后像」を一新する出来事があった。

二〇〇二（平成十四）年九月。皇后さまは、スイス・バーゼルで開いた国際児童図書評議会（IBBY）記念大会に出席し、英語で講演された。

皇后単独での外国訪問は初めてだった。外交ルートによる招請ではなく、児童文学を愛好する皇后さまの人間性と、個人的な人脈により実現した国際親善という点で、画期的だった。

国際児童図書評議会（IBBY）創立50周年記念大会の開会式でスピーチする皇后さま（スイス・バーゼル）

敗戦、子育てなど人生の節目での読書体験や、貧困に苦しむ子供たちを励ます皇后さまのスピーチに、涙ぐむ聴衆もいた。

小説『ソフィーの世界』で知られるノルウェーの作家ヨースタイン・ゴルデル氏は日本経済新聞の取材に

「日本人の文化、国民性、感受性を体現しており、言葉で言い尽くせない重要な内容を含んでいた」。現地メディアも「皇后陛下に魅了されたバーゼル」（地元紙バーゼルランドシャフト）と大きな扱いで伝えた。

ＩＢＢＹと皇后さまの接点は、第一章（81〜84ページ）で詳述したように、詩人まど・みちおさんの作品を英訳したことが機縁だった。本を通じた子供の人格形成、とりわけ紛争や貧困に直面する子供たちに読書の機会を与える活動に深く共鳴された。

「私たちはこの子供たちの上にただ涙をおとし、彼らをかわいそうな子供としてのみとらえてはならないでしょう。多くの悲しみや苦しみを知り、これを生き延びてきた子供たちが、彼らの明日の社会を、新たな英知をもって導くことに希望をかけたいと思います」

バーゼルでのスピーチの一節だ。皇后さまは、戦時中から戦後にかけ疎開先の群馬県館林市で二冊の本を熟読されたという。作家の山本有三が児童向けに編集した日本少国民文庫「世界名作選」の一〜二巻だ。

「二冊の本は、私に世の中のさまざまな悲しみにつき教え、自分以外の人が、どれほどに深くものを感じ、どれほど多く傷ついているかをしらせました。そして生きていくために、人は多くの複雑さに耐えていかなければならないことを、私に感じさせました」と心の履歴を明かされた。

大人になること。世界の成り立ちを知ることとは、他者の悲しみを知ることではないか。その触媒となる良書に巡り合ってほしい。皇后さまの人格を支える信条かもしれない。

一人の女性としての自己実現と公務が同期したとき、周囲の人々と幸福感を分かち合うことができる。皇后さまが、次代の女性皇族に残した道しるべであろう。

（W）

がんの手術　病状をありのままに公表

暮れも押し詰まった二〇〇二（平成十四）年十二月二十八日。金沢一郎皇室医務主管が記者会見し、天皇陛下が前立腺がんと診断され、年明けに摘出手術を受ける予定であると発表した。

患者の、まして天皇のプライバシーに関わることだから、答えないだろう。少し迷ったが筆者は質問した。「ステージ（進行の程度）はいかがでしょうか……」

今は亡き金沢氏は、迫力ある大きな眼をこちらに向け、「そこなんだよ」とつぶやいた。言葉を慎重に選び、「真ん中ぐらい」という趣旨の説明をした。

補足的なやりとりが続き、前立腺を覆う皮膜を越えてがんの広がりはないだろう、との見立てが伝えられたように記憶している。

「陛下はサイエンティストですから。きちんと受け止められ、了解も得ました」。がんを告知し、公表した理由を問われた金沢氏はこう語った。感に堪えない、といった面持ちで。

報道に接した国民は、陛下の容体を案じた。一方で、検査結果と治療方針、根治可能との所見が明確に伝えられ、ある種の安堵感が広がったのも事実だ。人々は、昭和と平成の時代の違いも、しみじみ実感した。

東大病院を退院する天皇陛下
(2003年2月、東京都文京区)

昭和天皇は一九八七年四月、八十六歳の誕生日の祝宴で食事をもどし、八月には栃木県の那須御用邸で体調を崩した。九月に宮内庁病院で検査し、腸のバイパス手術を受けた。

今振り返ると、信じがたいが、「『玉体』にメスを入れるべきか」、「民間人からの輸血は妥当か」といった議論も交わされた。

当時の宮内庁侍従職と医療チームの確執などの内幕を、「東京大学第一外科　開講百年記念誌」（九三年刊行）が詳細に記録している。それによると――

手術直後の病理検査でがんと診断されたが、その事実は伏せられた。宮内庁は世間に「慢性すい炎」と発表。昭和天皇本人にも告知しなかった。

同年九月二十五日夜。宮内庁病院に入院中の昭和天皇は、「もうだめか」と一言漏らした。医師たちは、ぎょっとした。しかし、「だめ」とは予定していた懸案の沖縄訪問がかなわなくなった、という意味であることが後に分かった。

伏せていた真の病状を、昭和天皇に悟られたのか、と焦ったのだ。

「宮内庁首脳部の医学的無知と秘密主義、事大主義に呆然とせざるを得なかった」という医師の辛辣な証言もある。

こうした様子を身近で観察されていたのが、今の天皇陛下である。

がんの手術を受ける際の陛下の原則は明快だった。「国民は私の健康を心配してくれています。基本的な情報は公開してください」。後に金沢氏が明かした。

入院、手術、術後の静養などで長期間、全身全霊で果たしてきた公務を休むことになる。国民の理解を得られるよう、病状をありのまま伝えるよう望まれたのだ。再発防止のためホルモン療法を始めることや、副作用で骨粗鬆症になる可能性があり、運動療法を取り入れることもその都度、丁寧に公表した。

〈入院の我を気遣ひ訪《と》ひくれし思ひうれしく記帳簿を見る〉

手術当時を回顧した歌だ。陛下は入院中、五万を超す国民のお見舞いの記帳に目を通されたという。本当に律義な人なのである。

（W）

戦争の傷根深い欧州へ

とても長い黙祷《もくとう》だった。二〇〇〇（平成十二）年五月二十三日、オランダ・アムステルダムの王宮前ダム広場。天皇、皇后両陛下は第二次世界大戦の「戦没者記念慰霊塔」に花輪を供えられた。周辺では多くの市民が見守っていた。

広場は周囲に遮るものがない開けた空間だった。当時の宮内庁式部官長、苅田吉夫さん（82）は「何が起こるかわからない」と緊張していた。同国では大戦中、インドネシアで日本軍に抑留された人々による抗議活動が行われていた。

「異例だったのが、ベアトリックス女王が慰霊塔の前まで両陛下と一緒に歩かれたこと。これは『何もしてくれるな』という意思表示だと思った。女王は国民にたいへん人望がありましたから」

宮内庁、外務省にはトラウマがあった。一九七一年の昭和天皇の欧州訪問では、オラン

戦没者記念慰霊塔に供花し黙祷する天皇、皇后両陛下
(2000年5月、アムステルダムのダム広場)

ダ、英国で戦時中に日本軍の捕虜だった元軍人らの猛烈な抗議行動があった。歓迎晩餐《ばんさん》会のお言葉で、天皇が戦争にまったく触れなかったことも批判された。

「相手国にそういう感情があることを予想せず、準備もしなかったのは信じられない」と、平成時代の元宮内庁幹部は、当時の担当部局の失態を批判する。

教訓はオランダの二年前、九八年五月の英国訪問で生かされた。このときも式部官長として同行した苅田さんは「日本側は元捕虜の団体と様々なルートで事前に話し合いを続けていた」と言う。その結果、元捕虜たちは激しい抗議は行わず、両陛下がパレードをする際に背を向けて意思表示をするということで落ち着いた。

昭和時代にはなかった訪問前の記者会見も功を奏した。天皇陛下は「相手の立場に立って心に痛みを受けた面を十分に認識するよう、努めていくということが大切だと思います」と述べられた。オランダ訪問の際も事前の記者会見により陛下の同様の心情が伝わった。

両国の晩餐会で陛下は、戦争の傷を負い続ける人がいることに「深い心の痛みを覚えます」とお言葉を述べられた。訪問中、両陛下の素顔が報道されるにつれ、両国の世論は明らかに変わっていったという。

とくにオランダでは、皇后さまが小さな女の子を抱き上げたり、両陛下が学生寮の窓越しに学生と歓談したりする光景が親しみをもって受け止められた。元抑留者とも対面された。

両国訪問時の侍従長だった渡辺允さん（82）は「英国滞在中、顔見知りだった地元紙の王室担当記者に『これまでは日本の天皇といえばヒロヒト＝戦争だった。今回、まったくイメージが変わった。日本の天皇、皇后は穏やかで誠実な人たちだった』と言われた」と振り返る。

とはいえ、戦争で傷ついた人すべてが過去を忘れたわけではなかった。日本側でも「両国は植民地支配について謝罪していない」と一部で報道された。ただ、苅田さんは次のように評価する。

「両国に関しては戦争の歴史に大きな区切りがついた。次の天皇はこういう問題で悩まれなくてもいい。日本は文化国家で戦争を反省し、平和の尊さを知っているという認識が定着した」

（I）

象徴天皇の国見歌

〈大和には　群山あれど　とりよろふ　天の香具山　登り立ち　国見をすれば国原は　煙立ち立つ……〉

万葉集の舒明天皇の歌だ。「国見《くにみ》」とは高所から国土を望み見る古代天皇の行為である。〈たかき屋にのぼりて見れば煙たつ民のかまどはにぎはひにけり〉は、新古今和歌集の仁徳天皇の国見歌。今で言う減税の効果を庶民の暮らしに見た。

武士が統治権を握った近世から維新の王政復古までの間、国見は途絶え、天皇が民の前に姿を現すことは絶無になった。

明治天皇の「六大巡幸」と呼ばれる地方行脚（一八七二～八五年）は、国見の復活といえよう。天皇が国土と民を「見る」。逆に大衆から「見られる」。その行為は高度な政治性を帯びた。天皇による統治が始まったことを世に知らしめた。

明治から敗戦までの天皇の旅は、原武史氏の著作の表題を借りれば、「可視化された帝国」であった。

翻って、象徴天皇の「旅＝国見」は、どのように総括されるのだろう。

二〇〇三（平成十五）年十一月。天皇陛下は、奄美群島日本復帰五十周年の記念式典に臨むため、鹿児島県を訪問。これで即位後、四十七都道府県すべてを回られた。

「奄美群島日本復帰50周年記念式典」で手を振る両陛下
（2003年11月16日、鹿児島県名瀬市）

十五年間の地方視察は百三十九回、足跡を刻んだ市町村は四百一。慰問した社会福祉施設は百二十を超えた。沿道で迎えた六百六十万人に笑顔で手を振りながら、踏破した旅路は十二万キロ余り。ほぼ地球三周に相当する。

記者団は、天皇一行の車列の後方に加わる。その車窓から様々な景色を見た。外食チェーン、レンタルビデオ店……。平成も年を経るごとに、どの町の国道も、ほとんど同じように見える。地域の特色を感じることはまれになった。

〈我が国の旅重ねきて思ふかな年経る毎に町はととのふ〉

天皇陛下はこんな国見歌を詠まれている。この凡俗だが平和な眺めを、終戦後の焼け野原と比べ、肯定的に捉えているのだ。

車列には都道府県知事も加わる。選挙が近い知事のなかには、車の窓を開け、身を乗り出して沿道の人々に手を振る剛の者も。

ただ律義なのは両陛下だ。随行の役人らは、移動の車中で居眠りもする。が、おふたりは奉迎者の多い場所では車速を落とすよう望み、一人ひとりと視線を合わせようとされる。あれだけ手を振れば、腱鞘炎にもなるだろう。とにかく気を抜くいとまがない。

「天皇の高齢化に伴う対処の仕方が、国事行為や、その象徴としての行為を限りなく縮小していくことには、無理があろうと思われます」とは、陛下が二〇一六年に真情を語ったビデオメッセージの一節だ。

「象徴的行為」を果たさず、ただ在位することのありがたさ、つまり「神聖性」を否定したのと同義である。象徴天皇は、「旅＝国見」により人々と親しくふれあう。肉体的に旅ができなくなったとき、象徴としての機能を失う。ゆえに退位を決意した。これが陛下の理路であろう。

〈津波来し時の岸辺は如何なりしと見下ろす海は青く静まる〉

一一年五月。天皇陛下は東日本大震災のお見舞いで岩手県を訪問。ヘリコプターから三陸沿岸部を視察された。

あまたの国見歌で、最も哀調を帯びた一首である。（W）

香淳皇后 在りし日を思う

「陛下が、駆け寄られるように皇太后様のおそばにお寄りになって、じっとその御最期をお見守りになり、そのお後で皇后様が、丁寧にお掛け布団などをお直しになりながら、『ご立派でいらっしゃいましたよ。』とささやくようにおっしゃったその時に、周りの人々の悲しみがふっとあふれるように感じられました」

二〇〇〇（平成十二）年六月十六日午後四時四十六分、香淳皇后は皇居・吹上大宮御所で息を引き取った。そのときを天皇家の長女、黒田清子さんが先のように描写している（『ひと日を重ねて』より）。九十七歳。皇后としての六十二年余りは歴代最長、最長寿だった。

昭和天皇とともに、過去のどの皇后も経験したことのない激動の日々を過ごした。しかし、生前多くを語ることはなかった。人間像よりも、柔和なほほ笑みが印象として残っている。

神戸ポートピアを視察する昭和天皇と香淳皇后（1981年5月）

終戦間もない一九四五年八月末、香淳皇后が栃木県日光に疎開していた当時十一歳の天皇陛下に書き送ったとされる手紙がある。

「（敗戦は）残念なことでしたが　これで　日本は　永遠に救はれたのです（略）わざわひを福にかへて　りっぱなりっぱな国家をつくりあげなければなりません」

「こちらは毎日　B29や艦上爆撃機　戦闘機などが縦横むじんに大きな音をたてて　朝から晩まで飛びまはつてゐます　B29は残念ながらりっぱです」

この時点でこのような認識を持ち得た日本人がどれほどいただろう。ほほ笑みの下に隠された冷静な知性、強さといえようか。

逝去から約二週間後に行われた殯宮移御後一日祭の儀。天皇陛下は弔辞にあたる誄《るい》で「在りし日のお姿や明るいお声は今もよみがえって日夜心を離れず、思い出は尽きることがありません」と読まれた。

「明治以来の誄の例を集めて、案を作ってご相談に行った。陛下からとくに要望があったのは、『明るいお声』という言葉を入れたいということだった」と当時の侍従長、渡辺允さん（82）は話す。

若いころ謡曲が好きだった香淳皇后は美声の持ち主で、家族、親族の前でクラシックの名曲などの歌を披露することが多かったという。それだけではなく、「いつもその明るさが周囲を和ませたという思いが陛下にあった」と渡辺さんは受け取っている。

昭和後期の侍従長、入江相政の日記に、初の「民間」からの皇太子妃に香淳皇后が不満を漏らしたと記述されているのは有名だ。それゆえ、皇后さまとの間にわだかまりの感情があったという見方がある。

渡辺さんは「香淳皇后の晩年、両陛下はほぼ毎週お見舞いに行かれた。それは形だけのものではなかった。皇后さまにとって、自分より〝上の人〟がいる安心感と頼る気持ちのようなものがあったと思う。だから、亡くなられたときは動揺し、心細く思われていた」と言う。

香淳皇后は絵が趣味で、川合玉堂、前田青邨という日本画の大家に指導を受け、画集も出版している。両陛下結婚の翌年、皇后さまのお印にちなんで白樺《しらかば》を描いた絵二点を贈った。両陛下はいまも大切にされているという。（I）

皇太子さまの「人格否定発言」

それは、ときに人間を幸福にしない「万世一系」というシステムへの、悲痛な叫びのように聞こえた。

二〇〇四（平成十六）年五月、欧州訪問前の皇太子さまの記者会見で飛び出した、いわゆる「人格否定発言」である。緊張感を帯びた肉声に触れ、そう感じた。

皇太子妃雅子さまは当時、公務を休みがちだった。待望の長女、愛子さまを授かったが、「お世継ぎ」への周囲の期待がストレスになり、気分が落ち込むことが多かった。閣僚が、女性を子供を「産む機械」に例えたのはその三年後のことだ。が、ご夫妻は、同じような圧力を感じていたのかもしれない。

皇太子さまは会見で、「この十年、自分を一生懸命皇室の環境に適応させようと思いつつ努力してきましたが、そのことで疲れ切ってしまっているように見えます」と妻の心労を代

2003年12月の天皇ご一家＝宮内庁撮影

弁した。

「それまでの雅子のキャリアや、そのことに基づいた雅子の人格を否定するような動きがあったことも事実」と踏み込んだ。

外交官の経験を生かした国際親善など、ひとりの女性としての社会貢献や自己実現の道を閉ざされ、ただ男子出産を期待される。万世一系の国体を護持する責務を一身に負わされた宿命の過酷さを訴えたのだ。

独身時代の皇太子さまの登山に同行し、山小屋などで話を聞く機会が何度かあった。常に周囲に気を配り、笑みを絶やさぬ身ぶりが深く印象に残っている。

「浩宮の人柄の中に、私でもならいたいというような美しいものを見いだしています」。皇后さまは、かつて、わが子について語られた。そのような心根の持ち主が発した言葉だけに、周囲の衝撃は大きかった。

雅子さまの人格を否定した主体は誰か——。その後の報道で焦点化され、天皇家は大きく揺れた。

発言を巡って、天皇陛下が「理解し切れぬところがある」と述べられたほか、秋篠宮さまも「(陛下との意思疎通が大切で)残念」など、ご家族からも真意を問われる異例の展開に。

皇太子さまの発言の半年ほど前。当時の湯浅利夫宮内庁長官は記者会見で、秋篠宮ご夫妻について、「皇室の繁栄を考えた場合、三人目のご出産を強く希望したい」などと述べた。

官僚としては、かなりきわどい発言だ。周囲は天皇、皇后両陛下の期待感を代弁したものと受けとめた。

宮内庁と皇太子ご夫妻との間の溝は、深まった。

当時の侍従は、「かつて天皇制は敗戦という外部要因により危機を迎えた。だが、今回は内部要因によって揺らいでいる」と事態の深刻さを語った。

皇太子発言の後、二つの出来事があった。宮内庁は雅子さまが「適応障害」という病であることを公表。健康回復には、長い時間が必要であることを明らかにした。

いまひとつは、秋篠宮ご夫妻に男児が誕生したことだ。これを機に女性・女系天皇を認める皇室典範改正の議論は急速にしぼんだ。

その後、女性皇族は結婚により、相次ぎ皇籍を離脱。天皇制の命脈は、秋篠宮家の長男、悠仁さまと、将来の配偶者という一筋の細い糸に託された。その重圧はいかばかりか。

皇太子ご夫妻の苦悩から何をくむべきなのか。人々がそれを忘却したとき、真の皇統の危機が訪れるかもしれない。

（W）

「古代」をよみがえらせた蚕

その細さはクモの糸と見まがうばかりだ。この糸によって、千三百年前の古《いにしえ》と平成の時代がつながることになる。

小石丸という小さな蚕。日本の在来種だが、現在はほとんど飼育されていない。数少ない「養蚕地」の一つが皇居だ。皇后さまは毎年、伝統行事として、小石丸や外国との交雑種など四種の養蚕を行われている。

平成になって行事を引き継いだとき、小石丸は改良が進んだ現代の蚕と比べ、繭から糸がとれる歩合が低いことから、飼育廃止の方針があった。しかし、皇后さまは「日本の純粋種と聞いており、繭の形も愛らしく、糸が繊細でとても美しい。もうしばらく古いものを残しておきたい」と飼育継続を望まれた。

平成の初期、奈良の正倉院事務所は一九九四（平成六）年度から二〇〇三（同十五）年度

蚕の繭の収穫作業をする皇后さま

にわたる「正倉院宝物染織品」の模造復元を計画。奈良時代（八世紀）の布を「再生」する事業だ。復元作業を請け負った川島織物セルコン（京都市）は糸、織り、図案など専門家七人のチームを結成した。

図案担当の野田義隆さん（59）は「単なるレプリカではなく、万が一宝物が失われた場合は、それ自体が代替となるようなものを作る事業だった」と言う。徹底した調査のもと、本物と同じ材質、技法での製作が試みられた。

まず復元に着手したのは絹織物の「あしぎぬ」。織りの担当だった徳倉修さん（70）は「現代の糸では太すぎて再現が難しかった。小石丸が使えるならベストだと分かったが、通常では手に入らないものだった」と話す。

そこで正倉院事務所は皇后さまに提供を願い出た。皇后さまは小石丸が役に立つことを喜び、年に七〜八キログラムだった繭の生産を四八キログラムまで増産することにも応じられた。

次の難問が染色だった。「日本茜《あかね》という染料の必要量が集まらない。すると、また皇居にあるらしいという情報が入った」と徳倉さんは言う。

両陛下は日本茜が御所の庭や東御苑に自生していることに気がついていたという。天皇陛下の意向で株を集め、約三年かけて栽培され、十分な量が提供されることになった。

十年の復元事業で計十九点の古代織物がよみがえった。徳倉さんによると、できあがった織物は「それまでに見たことのない光沢」に仕上がったという。〇四（同十六）年八月、両陛下は京都国立博物館に展示された品々を観覧。製作チームの人々にも会い、ねぎらいの言葉をかけられた。

もし平成の初めに小石丸の飼育が打ち切られていたら。「小石丸以外に古代の糸に近いものがあったかどうか。『本物と同じように』という、こだわった復元はできなかっただろう」

と野田さんは話す。そして、「小石丸は皇后さま、日本茜は天皇陛下、というように、広い意味で両陛下にもこの事業に関わっていただいた」と考えている。

小石丸の糸は鎌倉時代の絵巻「春日権現験記絵」の修理や世界に唯一現存する古代の五絃《げん》琵琶「螺鈿紫檀《らでんしたん》五絃琵琶」の復元模造で絃の素材にも使われた。

伝統と文化の継承を担う皇室は、「救済者」の役割もはたしている。

（I）

園遊会で国旗・国歌問答

東京・元赤坂の赤坂御苑に各界の功労者を招き、春と秋に開く園遊会。今でも語り草なのは、昭和天皇と柔道の山下泰裕さんとのやりとりだ。

昭和天皇「柔道で一生懸命やっているようだね。どう、骨が折れますか」

山下さん「ええ、二年前に骨折したんですけど、今は体調も完全によくなってがんばっています」

落語でいう地口落ちである。周囲は、笑いの渦に包まれた。一九八二年五月のことだった。

一方、二〇〇四（平成十六）年秋の園遊会でのこの会話に、笑いの成分は含まれていなかった。

東京都教育委員の職にあった将棋の米長邦雄さんは天皇陛下に、「学校で国旗を揚げ、国

秋の園遊会で米長さんと言葉を交わす天皇陛下
(2004年10月28日、東京・元赤坂)

歌を斉唱させることが私の仕事でございます」と話した。

陛下は要約すると、「やはり、強制になるということでないことが望ましいですね」と述べられた。

米長さんは、「本当に素晴らしいお言葉をいただきまして、ありがとうございました」と恐縮した。

「国旗国歌法」施行から五年が過ぎていた。法案の審議段階で政府は、「児童生徒の内心にまで立ち入って強制しようとする趣旨のものではない」などと説明していた。

一方、都教委は、都立学校の卒業式に

際し、国旗を飾る場所や国歌の歌わせ方などを細かく指導。監視役を派遣して、起立しなかった教職員を大量に処分していた。

両陛下の誕生日の記者会見などは、事前に用意した質問に回答を寄せる形式だ。が、園遊会ではゲストと両陛下、皇族方が、くつろいだ雰囲気で自然に言葉を交わす。まさか、このような政治的な対立を含む問題が話題になるとは誰も想像しなかった。

記者たちは宮内庁に戻り、マイクが拾った音声を何度も再生して、確認した。

もう少し詳しく再現すると、陛下は米長さんの発言を受けて、「やはり、あの〜、あれですね」と、三秒間ほど、論点を整理する間を置かれた。そして、「強制になるということが……」と言葉をつないだ。

米長さんのメッセージを聞き流す手もあったはずだ。が、そうすると天皇がその文脈を首肯したとも受け取られかねない。過去の政府答弁も踏まえ、とっさに言葉を紡がれたのだろう。当時の侍従の解説である。

「陛下は人間的で常識的」「進歩的な考えをお持ちだ」――。後日、新聞各紙の読者投書欄には、そんな声も寄せられた。〈リベラルな天皇〉というイメージが醸成、拡散されるひとつの契機になった。

この一件は、後に起きた「事件」と背景が重なる。

一三年十月の園遊会。山本太郎参院議員（当時）が突然、天皇陛下に手紙を手渡した。東京電力福島第一原発事故に関する内容だったという。「この胸の内を、苦悩を理解してくれるのはこの方しかいない、との身勝手な敬愛の念」を抱いたと山本氏は釈明した。

「保守派が天皇を尊崇し、リベラル派は懐疑的」というこれまでの図式にねじれが生じている。

さらに言えば、リベラルな立場の人々が、自らの言説を補強するために天皇の発言を解釈、引用する、という現象が生じているようにも見える。

平成を象徴する風景だろう。（W）

女性・女系天皇を認めるか

「地球上で最後に残るキングはトランプ四枚と英国王」という俗言がある。大英帝国が栄華を極めた時代の懐旧なのだろうか。だが、根拠となる数字がある。

英国の王位継承資格者は四千人を超す。英王室は欧州各地の王家と数世紀にわたり縁戚関係を築いてきた。国境を超え分厚い継承資格者が存在する。

一方、日本の皇位継承者は四人。(1)皇太子さま(2)秋篠宮さま(3)秋篠宮家の長男、悠仁さま(4)天皇陛下の弟、常陸宮さま――だ。

二〇〇五(平成十七)年十一月。将来の安定的な皇位継承の方策を検討していた「皇室典範に関する有識者会議」は、女性・女系天皇を認めることなどを柱とした報告書を公表した。

歴史上、女性天皇は推古天皇など十代八人が存在した。が、男系の皇族でない配偶者との子が即位した例はない。「女系」とは初めての制度だ。

報告書は、歴代天皇の約半数が、今でいう婚外子だった事実に言及。男系男子による皇位継承の前提条件だった旧習が、現代社会で成立しないと強調した。

また、戦後廃止された旧宮家の末孫に、再び皇族の身分を与え、男系の皇位継承者を増やそうとする保守派の案も退けた。

「今上天皇との共通の祖先は約六百年前の室町時代までさかのぼる遠い血筋で、国民が皇族として受け入れることができるか懸念される」との理由からだ。

実は同じような議論が終戦の翌年、一九四六年の帝国議会で戦わされた。当時の論戦を確認してみよう。

「憲法に折角《せっかく》樹立せられた男女平等同権の原則が、まず皇室典範において破られておるということは遺憾のきわみ」と女帝容認を求める議員に対し、憲法担当大臣の金森徳次郎はこう答弁した。

「今後とも深き研究を要するものと思いまするが、現在においては、男系ということを動かすべからざる一つの日本の皇位継承の原理として考えております」

「今日なおその時期が至っていないわけでございます」。金森は女帝を否定しつつ、将来の可能性については慎重に留保した。

有識者会議の報告を受け、当時の小泉純一郎首相は翌年の通常国会に皇室典範改正案を提出する方針を固めた。金森の言う「その時期」がついに来たのだ。

と、誰もが思った。二〇〇六年二月、秋篠宮妃紀子さまの懐妊が報道されると風向きが変わる。男児誕生で改正の機運はしぼんだ。

〇八年十二月。宮内庁は不整脈などの変調を訴えていた天皇陛下の症状が「心身の強いストレスが原因と見られる胃腸炎」と発表した。

当時の羽毛田信吾長官は、「ここ何年かにわたり、ご自身のお立場から常にお心を離れることのない将来にわたる皇統の問題」による心労との見解を開示。陛下の胸中を代弁した。

「天皇制を守る」とは、陛下が全身全霊で体現された象徴の「機能」を次代につなぐことなのか。それとも万邦無比の男系男子の血脈というかつての「国体の本義」を守ることなのか。

後者の立場を貫くと、天皇制の基盤が揺らぐ事態を招きかねない。

いま、そこにある危機は放置されたままである。

（W）

戦後六十年 初の海外慰霊でサイパン訪問

文芸誌「群像」の一九九五年一月号に、一編の論考が載った。評論家、加藤典洋氏の「敗戦後論」である。伊藤整文学賞を受け、様々な論争を呼んだ。

加藤氏は、戦後の日本社会の「ねじれ」の根源は、死者との向き合い方に起因すると指摘した。

「まず他国の死者への謝罪」を求めるリベラル派と、「祖国のために散華した英霊への哀悼」を優先する保守派。その相克が戦後日本を、さながら二重人格者のように振る舞わせた、と分析した。

無謀な戦争で負けたという「汚点」を自覚しつつ、「日本の三百万の死者を悼むことを先に置いて、その哀悼をつうじてアジアの二千万の死者の哀悼、死者への謝罪にいたる道は可能か」と問いかけた。

サイパンのバンザイ・クリフの崖を訪れ黙礼する天皇、皇后両陛下（2005年6月）

天皇、皇后両陛下は、戦後六十年にあたる二〇〇五（平成十七）年六月、北マリアナ諸島の米自治領、サイパン島を訪問された。

サイパンは第一次世界大戦の講和で、ドイツから日本の統治へ移行した。製糖工場などでの雇用を求め、太平洋戦争当時、数万人の民間人が入植した。

一九四四年六月から七月までの一カ月。日米は戦闘を繰り広げ、一万人前後の民間人も犠牲になった。天皇陛下は南洋の激戦地を訪ね、戦没者を慰霊することを強く望まれた。

相手政府の招待のない、慰霊だけが目的の外国訪問は初めてだった。

日本軍は玉砕した。一方、民間人は島の北

端へ逃げ延びた。が、「生きて虜囚の辱めを受けず」の教えに従い、「天皇陛下、万歳」と叫び、多くの人が断崖から身を投げた。

両陛下は、悲劇の現場に立ち、真っ青な海に黙祷《もくとう》をささげた。

同行取材で、忘れられない光景がある。

バンザイ・クリフからホテルへの帰途。両陛下は公式日程にない場所に寄られた。戦時中、朝鮮半島から徴用された軍人・軍属、民間入植者を弔う「太平洋韓国人追念平和塔」の前で車を降り、深く一礼された。

その姿を見て、加藤氏の「敗戦後論」の一節が浮かんだ。「日本の死者を悼むことを通じ、アジアの死者を哀悼する道は可能か」。陛下の慰霊の旅と、加藤氏の論考は、どこかで重なりあうように見える。

「陛下は、中国、フィリピン、東部ニューギニア、インドなど先の大戦に連なるすべての死者を悼むお気持ちだった」。当時の側近は語った。

その年の誕生日会見で陛下は、「過去の歴史をその後の時代とともに正しく理解しようと努めることは日本人自身にとって、また日本人が世界の人々と交わっていくうえにも極めて大切なこと」と振り返られた。

宮内庁は二〇一八年十月、退任の意向を表明した靖国神社の宮司から、週刊誌が報じた自らの発言について謝罪を受けたことを明らかにした。

週刊誌の報道によると、宮司は神社内部の会議で天皇陛下の慰霊の旅を批判し、「陛下は靖国神社をつぶそうとしている」と発言したという。同神社広報はこの発言を事実と認めた。

戦没者への向き合い方を巡る「ねじれ」は、なお続くのだろうか。

（W）

自らを削って紡ぐ言葉

「詩を書く事は自分を削りとる事です」

皇后さまが愛読し、その詩を英訳までした詩人の永瀬清子は語っている。自分を削りとらない詩は人の心に乗り移ってこない、と。「詩」を「歌」「言葉」と言い換えてもいいだろう。

〈子に告げぬ哀《かな》しみもあらむを柞葉《ははそは》の母清《すが》やかに老い給ひけり〉

皇太子妃時代に皇后さまが詠まれた歌だが、皇室に嫁いだ娘から母に告げられぬ哀しみ、苦労もいかほどであったか。ここで歌われた、すがすがしい老いを迎えた母の姿と皇后さまの「今」が重なる。心の奥底を削り取って見せたかのような歌がそう思わせる。

二〇〇五（平成十七）年十月、皇后さまの誕生日文書回答、式典でのお言葉、和歌などを収録した『歩み』が出版された。皇后の「お言葉集」が一冊の本になるのは初めてだった。

言葉を厳選する歌人である皇后さまは、散文でも通俗から脱却する表現を求めているようにみえる。その言葉はときに式辞の枠を超えた凄烈さで迫ってくる。

「平和は、常に希求されながら、常に遠い目標にとどまるものなのでしょうか。平和の均衡を乱す憎しみの感情は、どのような状況から生まれ、どのようにして暴力に至るのでしょうか。長い歴史を負って現代を生きる私ども一人一人は、今を平和に生きる努力とともに、過去が残したさまざまな憎しみの本質を理解し、これを暴力や戦争に至らしめぬ努力を重ねていかなければならないと思います」(一九九五年八月、国際大学婦人連盟第二十五回国際会議開会式。英語で朗読)

フローレンス・ナイチンゲール記章の授与式に出席し、あいさつする皇后さま(2001年6月、東京都港区)

両陛下の元側近の何人かは、皇后さまの「言葉の感性」は天皇陛下にも大きな影響を与えていると語る。

「天皇陛下がお言葉を作られる際に助言されていると思う。あれだけ見事に歌を詠まれるということは、言葉に対する感性がとても鋭いということ」と、約三十年来の友人で、絵本編集者の末盛千枝子さん（77）は言う。象徴天皇のあり方を〝解説〟されることもある。

「民主主義の時代に日本に君主制が存続しているということは、天皇の象徴性が国民統合のしるしとして国民に必要とされているからであり、この天皇及び皇室の象徴性というものが、私どもの公的な行動の枠を決めるとともに、少しでも自己を人間的に深め、よりよい人間として国民に奉仕したいという気持ちにさせています」（九八年、英国・デンマーク訪問前記者会見）

皇后さまは「皇室が国民から遊離したものとはならず、国民の中にしっかりと内在した存在であらねばならない」（二〇〇〇年、オランダ・スウェーデン訪問前記者会見）というように、「内在」という言葉を何度か使われている。

天皇陛下は一六年八月八日の「象徴としてのお務め」についてのお言葉で、「日本の皇室が、いかに伝統を現代に生かし、いきいきとして社会に内在し、人々の期待に応えていくかを考えつつ、今日に至っています」と述べられた。
ここに「良き伴走者」として、皇后さまの存在を感じる関係者は多い。

（I）

紀宮さまが示した皇室論

宮内庁のホームページには、天皇、皇后両陛下はじめ、皇族方が出席された行事や、会見録などが掲載されている。

皇籍を離れたから当然のことだが、二〇〇五（平成十七）年十一月に結婚した天皇家の長女、黒田清子さんの皇族としての足跡を、人々がたどれないことが惜しまれる。

両陛下を支え、皇族として望ましい公務の規範を示してきた「紀宮さま」が語った数々の言葉を過去の記録で読み返すと、それらが今こそ参照すべき皇室論であることに気づく。

紀宮さまは一九九九年九月、ハワイを訪問した。国立天文台が建設した望遠鏡「すばる」の完成記念式典の出席が目的だった。

その際、米国の戦没者が眠る「太平洋記念墓地」に参った。外遊前の記者会見で、ハワイの日系人の歴史などに言及している。

「（第二次世界大戦の）ヨーロッパ戦線に参加した日系人部隊のことについては幼いころ、両陛下からお話を伺っていて、その事実に対して強烈な印象をもって覚えていました」

「そうした日系人部隊の犠牲者を含む、先の大戦で亡くなられたすべての人々のみたまをおしのびしながら、花をささげたいと思います」

前段は、日本の公教育であまり触れられない米陸軍「442連隊」を指す。真珠湾攻撃に端を発した人種差別で日系人は財産を没収され、強制収容所に。彼らは収容所から最前線に志願し、自らのアイデンティティーを賭して枢軸国と果敢に戦った。その歴史を「幼いころ」に、両親から語り聞かされていた。

皇居を出て結婚式場の
帝国ホテルに向かう
黒田清子さん（2005年11月）

後段は、その後の両陛下のサイパン、フィリピンなど海外の激戦地を巡る「慰霊の旅」の本質を、さりげなく伝えている。

圧巻は、二〇〇五年四月、皇族として迎えた最後の誕生日の記者会見で語った四百字詰め原稿用紙で二十枚を超す真率な言葉だ。

「共働きの両親」の公務への姿勢や、「娘である私にも測りがたい」皇后さまの抱えた悲しみ。これらは平成の皇室を理解し、次代を展望する貴重な資料であろう。

民間から皇室入りした母が抱えた葛藤を、「暗い井戸の中」という比喩で表現した。「井戸」は、作家の村上春樹さんがその作品で用いてきたメタファーだ。井戸の底から光を探し当て、「世界」につながる。

「人は一人ひとり自分の人生を生きているので、他人がそれを十分に理解したり、手助けしたりできない部分を芯に持って生活していると思う。（中略）そういう事実をいつも心にとめて人にお会いするようにしています」

「誰もが弱い自分というものを恥ずかしく思いながら、それでも絶望しないで生きている。そうした姿をお互いに認め合いながら、懐かしみ合い、励まし合っていくことができれば……」。紀宮さまは、皇后さまが井戸の底で探し当てた言葉を紹介した。

皇后さまや、皇太子妃雅子さまがそうであったように次代の皇統は、民間から皇室に嫁ぐひとりの女性の英断と、悲しみによって保たれる。そのことに、なんと人々は無頓着なことか。

天皇家の長女が残した言葉を、改めてかみしめたい。

（W）

悠仁さま誕生と皇統への憂い

「先生、男の子はどうやって作ったらいいいんでしょう」

一九九四（平成六）年十二月に秋篠宮家の第二子、佳子さまが生まれたあと、紀子さまは担当医にそう言われたという。

もちろん冗談だったが、皇室では一九六五年に秋篠宮さまが誕生して以降、皇位継承資格のある男子が生まれず、女子が八人続いていた。その後も十年以上、天皇陛下の孫世代に皇位継承者がいない状況は変わらず、皇室にとって先の言葉は冗談ではなくなってきた。

そして二〇〇六（同十八）年九月六日。秋篠宮家に皇室として四十一年ぶりの男子、悠仁さまが誕生した。

「遂《つい》に国民の熱心なる希望は満たされたり。大問題は解決せられたり」

昭和の天皇家でも女子が続き、一九三三年十二月に待望の男子として現在の天皇陛下が誕

皇后さま、秋篠宮妃紀子さま、悠仁さまを乗せ和船をこぐ天皇陛下(2009年9月14日、神奈川県葉山町)

生した日、側近の木戸幸一は日記に書いた。悠仁さま誕生後、似たような安堵感が広がった。

二〇〇五年、皇位継承が深刻な危機にあるとみた政府は、皇室典範に関する有識者会議を設置。約一年にわたる審議の末、皇位の安定的な継承のために長子優先で女子にも継承を認めるべきとの報告書が出されていた。

だが、悠仁さま誕生で「大問題は解決された」とばかりに、この結論は棚上げされる。報告書では五人の男性皇族がいたと仮定し、出生率をもとに将来の男子出生数を試算。三世代先は一・三四人という冷厳な数字だった。逆に男女双方の場合は一〇・七三人に増える。

悠仁さま誕生は危機が一世代先送りされただけで、構造的問題は変わっていなかった。しかし、お祝いムードで「皇室典範改正は四十年先の話」と言う閣僚もいて、政府も与野党も、さらに国民も問題は解決したと錯覚した。相反して、天皇陛下は憂いを深めていた。

「悠仁さまがお生まれになって、うれしいというお気持ちと、これとは別に問題は依然として残っているという認識を併行して持っておられたと思う」と当時の宮内庁長官、羽毛田信吾さん（76）は言う。

事態が動かず二年が過ぎた〇八年十二月九日、宮内庁は天皇陛下が心身の強いストレスにより、胃腸炎を発症したと発表。金沢一郎皇室医務主管は「陛下はご心労、ご心痛をじっと耐えていらした」と説明した。

二日後、羽毛田さんは定例の記者会見で、その心労の原因が「ここ何年かにわたり、ご自身のお立場から常にお心を離れることのない、将来にわたる皇統の問題」だと発表した。

「皇統の問題は簡単には答えは出ない。多くの国民の共感を得るためには時間がかかる。その意味では急ぐ課題だと各政権に伝えていた」と言う。それでも政府の動きは鈍かった。

皇統は男系で継承されてきた。しかし、側室制度など近代以前の諸条件ゆえに「男系原理」が成立していたともいえる。なにより、現代の男女に天皇制の存続がかかった重圧のもとで男子誕生を求めることができるのか。陛下の心労もそこにあったのだろう。

悠仁さまの名には「ゆったりとした気持ちで、長く久しく人生を歩んでほしい」という秋篠宮ご夫妻の願いが込められている。現行制度のままでは、その名からかけ離れた重荷が待っていることになる。

（Ｉ）

第三章　平成二十一年～三十年

陛下の「窓」を開いた二人

二〇一八（平成三十）年十二月、在位中最後の天皇誕生日の記者会見で陛下は、こみ上げるものを抑えるように、象徴としての旅路を回顧された。

陛下が公の場で言葉を詰まらせたのは、これが初めてではない。

〇九（同二十一）年四月。結婚五十周年の節目の記者会見で、「私ども二人を五十年間にわたって支えてくれた人々に深く感謝の意を表します」と述べたときも同様だった。

〈語らひを重ねゆきつつ気がつきぬわれのこころに開きたる窓〉

陛下は結婚内定後の一九五八年に詠んだ歌を紹介した。皇后さまの存在を「窓」という言葉で表象された。

「結婚によって開かれた窓から私は多くのものを吸収し、今日の自分を作っていったことを感じます。結婚五十年を本当に感謝の気持ちで迎えます」

陛下は、二〇一三年の会見でも、皇后さまの献身に言及されている。

「天皇という立場にあることは、孤独とも思えるものですが、私は結婚により、私が大切にしたいと思うものを共に大切に思ってくれる伴侶を得ました」

上：バイニング夫人と本を読む皇太子時代の天皇陛下（1949年1月）
下：結婚50年を祝った皇宮警察音楽隊の演奏を鑑賞する天皇、皇后両陛下（2009年4月10日、皇居の宮内庁庁舎前）

「皇后が常に私の立場を尊重しつつ寄り添ってくれたことに安らぎを覚え、これまで天皇の役割を果たそうと努力できたことを幸せだったと思っています」

陛下が言う「大切にしたいもの」とは何か。

象徴としての務めや、家庭での子育ての在り方などを指すのだろうか。

敗戦の翌年一九四六年から五〇年まで、陛下は、米国の児童文学者でクエーカー教徒のエリザベス・バイニングさんから家庭教師として薫陶を受ける。父・昭和天皇の提案だったとされる。

バイニングさんの回顧録『皇太子の窓』（五二年初版）にこんな記述がある。

「私が日本に着いて間もない頃、松平宮内庁長官が私に言われたことがある——。『私たちがあなたにお願いしたいのは、皇太子殿下のために、今までよりももっと広い世界の見える窓を開いていただきたいということです』」

「そのとき私は、英語という手段を通じて、殿下に西欧世界の理想を示し、日本が軍国主義的独裁政治に対する大きな幻滅の反動から、いま慌てふためいて熱心に信奉し始めたあの民主主義なるものの精髄を、殿下がご理解になる一助ともなれば幸いだと思ったのであった」

英語教師というのはある意味、方便で、民主主義の基盤を十代の少年に教授することが期待されていたようだ。

バイニングさんは、戦後民主主義の窓。皇后さまは、天皇として、人として、より良く生きるための窓だったのか。

陛下は金婚の会見で、「贈るとすれば感謝状です。皇后はこのたびも『努力賞がいい』としきりに言うのですが、これは今日まで続けてきた努力を嘉《よみ》しての感謝状です」と語られた。

「嘉する（たたえるの意）」とは当節、あまり聞かない雅趣に富む言葉だ。昭和天皇は幾たびか、「朕《ちん》深ク之ヲ嘉ス」という勅語を発している。

陛下は、この言葉にどのような思いがあり、選ばれたのだろうか。お尋ねしてみたい気もするのである。　（W）

新たな象徴像 模索の二十年

二〇〇九（平成二十一）年、天皇陛下は即位二十年を迎えられた。父・昭和天皇が同じ在位年月を重ねた一九四六年、日本は敗戦後のドン底だった。国家元首としての天皇制に代わる象徴天皇を創設した新憲法が公布された年でもあった。

天皇を現人神《あらひとがみ》とした「国体」が瓦解への道をたどった昭和前期の二十年。その後四十数年は「昭和の象徴」の時代となったが、その輪郭は判然としなかった感もある。

対して平成の二十年間は、象徴として初めて即位した天皇が新たに象徴像を模索し、目に見える「かたち」を作ってきた期間だった。

十一月六日、皇居・宮殿で天皇陛下は皇后さまと即位二十年の記者会見に臨まれた。冒頭、陛下は「どうも手間取ってしまって。一時間お待たせし、おわびします」と述べられた。

即位20年を祝う「国民祭典」で演奏を楽しむ天皇、皇后両陛下（2009年11月、皇居・二重橋）

午後四時からの予定だった会見が急遽《きゅうきょ》五時に変更されていた。「二十年の総括の文案をぎりぎりまで練っていたのか」と、記者の期待はむしろ高まった。

「平成の時代に作り上げてこられた『象徴』とは、どのようなものでしょうか」。会見は一問目から「直球」が投げ込まれた。陛下は「この二十年、長い天皇の歴史に思いを致し、国民の上を思い、象徴として望ましい天皇のあり方を求めつつ、今日まで過ごしてきました」と言うものの、具体的な象徴像には触れられなかった。

二問目は皇位の安定的な継承についてだったが、「制度にかかわることについては、国会の論議にゆだねるべきだ」として、やはり明確な意見は避けられた。

この年の四月、結婚五十年でも記者会見が行われていたこともあり、「多くを語られないのか」との空気が漂い始めた。だが、三問目の答えで虚を突かれる。

それは「日本の将来に何か心配はお持ちでしょうか」という質問だった。陛下は日本が抱える問題として、高齢化や経済の厳しい状況などを挙げた上で、それでも、これらは過去の様々な困難を乗り越えてきた日本国民が克服することを願っている、という〝楽観的な〟見通しを示された。

しかし、この後に「私がむしろ心配なのは、次第に過去の歴史が忘れられていくのではないかということです」と切り出された。昭和の日本が戦争への軌道を走り始めた一九二八年の張作霖爆殺事件、三年後の満州事変、その後の大戦に向かった歴史は「昭和天皇にとって誠に不本意な歴史であった」と述べられた。

「昭和の六十有余年は私どもに様々な教訓を与えてくれます。過去の歴史的事実を十分に知って未来に備えることが大切と思います」

米国の天皇制研究者のケネス・ルオフさん（52）は「平成の天皇は戦後の憲法と民主主義の価値に合わせた象徴像を形作ってきた」とみる。そして「自由、平等、弱者へ寄り添うことなど、様々な価値があるが、とくに強調されているのが平和だ」と言う。

歴代天皇の祈りは国家、国民の安寧だった。二十年の模索で到達した象徴のあり方というより、天皇の核心であろう。その上で「歴史の教訓」を忘れたとき平和は危機を迎える、と言葉で注意喚起したことこそ、平成の象徴の新境地だった。（Ｉ）

物議を醸した特例会見

ナウル共和国、と聞いて、どういう国か答えられる人はどれほどいるだろう。

太平洋のニューギニア島の北東部に位置する面積約二一平方キロメートルの小島で、伊豆諸島の新島とほぼ同じ。主要産業はリン鉱石しかなく、二〇一七（平成二十九）年時点で人口は約一万四千人。在留邦人はゼロ。在日ナウル人はわずか二人だ。

そんな国の大統領が一九九四（同六）年三月、外務省賓客として来日した。日本から見れば「重要度の低い国」への対応は冷たかった。首相が大統領に面会したのは公務の隙間の数分ほど。賓客といいながら、外務省の低いレベルの職員が接遇していた。

一人だけ、大国と変わらぬもてなしをした人がいた。天皇陛下だった。当時の侍従、多賀敏行さん（68）は言う。

「皇居・宮殿で三十分会われた。国家元首の場合、国の大小にかかわらず三十分。事前に渡

中国の習近平国家副主席と握手する天皇陛下
（2009年12月、皇居・宮殿）

された資料をよく勉強して、相手が聞いてほしいと思う質問を考えられていた。ナウルの大統領からすれば、日本に来て初めて自分に関心を持ってくれたと思ったのではないか」

天皇と外国要人の会見は、親善を名目としても外交に影響を与えることがあり得る。政権が政治的に利用することも可能で、違憲という見方さえある。そうさせないため、見せないために「国の大小、重要度にかかわらず、分け隔てのない接遇」が大原則だった。

十五年後の二〇〇九（同二十一）年十二月、政治によってその原則が破られる。政府は同月十一日、来日する中国の習近平国家副主席（当時）と天皇陛下の会見を十五日に行うと発表した。

しかし、天皇と外国要人との会見は、一カ月前に要請するというルールがあった。日程調整に支障が出ることや陛下の年齢、健康上の負担に配慮した決めごとだった。

外務省から宮内庁に打診があったのは十一月二十六日。一カ月を切っていたため、宮内庁は要請を断った。だが、当時の民主党政権は「日中関係の重要性」を理由に押し切り、特例で会見が行われることになった。

宮内庁長官だった羽毛田信吾さん（76）は「両陛下のなさる国際親善は、政府の外交とは次元を異にし、相手国の政治的な重要性とかその国との政治的懸案があるとか、そういう政治判断を超えたところでなされるべきもの」と異例の〝政府批判〟を行った。

これに対し会見実施を主導したといわれた民主党の小沢一郎幹事長は「内閣の一部局の一役人」が内閣の方針に異議を申し立てるのは「日本国憲法の精神、理念を理解していない」「反対なら辞表を提出したあとにやるべきだ」と応じた。

羽毛田さんは当時を振り返って、「国にとっての利益は重要だが、憲法で天皇の行為に助言と承認を与える権限のある政府には、それがあからさまにならないような節度、自制が必要だ」と話す。

あのとき、小沢幹事長は「陛下の体調が良くないというなら、優位性の低い行事は休めばいい」という趣旨の発言もしていた。憲法の精神だけではなく、すべての公務を全身全霊で行う平成の象徴天皇のあり方についても、理解していないのはどちらだっただろう。（I）

陛下、退位への意思固く

　午後七時から始まった議論は深夜零時近くになっても終わらなかった。きょうはここまで、と天皇、皇后両陛下は席を立った。しかし、すぐに退室されず、立ったままさらに三十分ほど異例の話し合いが続いた。その中身は「譲位」だった。

　二〇一〇（平成二十二）年七月二十二日、皇居・御所での宮内庁参与会議。参与は天皇の私的な相談役で、有識者などに委嘱される。この日は参与三人のほか、同庁長官ら幹部が陪席した。

　このとき天皇陛下は七十六歳。「いずれ八十歳になる。それまで天皇の務めを果たすつもりだが、それを超えて在位することには疑問がある。八十歳をめどに譲位したい」と話されたという。

　この参与会議から少し前の時期、陛下は同庁幹部に退位について説明していた。この先、年齢を重ねていけばいずれ象徴としての務めが果たせなくなることなどを語られたという。そのことは事前に参与らにも伝えられており、陛下の意向は唐突とは受けとめられなかったが、予想外だったのはその理由だった。

会議の参加者全員が「退位は難しい。大正天皇の場合のように摂政を置いた方がよいのでは」という意見だったが、陛下は「大正天皇の前例はよくない」として摂政に反対。それゆえ退位しか道はないというお考えだった。

摂政設置は天皇の意志に反していたという説がある（1920年の大正天皇の肖像画）＝宮内庁提供

会議参加者の一人はのちに「陛下は大正天皇のときは病気を理由に摂政を置いたが、それは天皇の意向に反した不本意な形で、昭和天皇も気兼ねしていたと言われた。摂政は当事者にとってはつらいものだという問題意識を持たれていた」と話している。

大正時代の摂政は天皇の病状からやむを得ず置かれたというのが通説だが、天皇の意思に反して行われた「押し込め」説もある。陛下は後者が事実と考えられていることになる。

また、香淳皇后が晩年に高齢者特有の症状で判断力を失い、見ているのがつらかったということも話されたという。陛下は自分もそうなる可能性を覚悟しており、その前に退位して「上皇になる」と言われた。

ある参加者は「皇后さまは陛下のお気持ちは痛いほど分かる。一方、参与らの懸念も理解できる。陛下の思いに応えるにはどうすればよいか、時間をかけて皆で考えてみましょう、という感じだった」という。

その後の参与会議でも退位についての議論は行われ、参与や宮内庁幹部らは「象徴天皇は行動を伴わないと役割を果たせない」という陛下の考えを理解するようになっていった。この間、陛下は「平成三十年まではがんばる」と言われたという。宮内庁は退位へ向けた方策を検討し始めた。

そして、「政府が退位を提起するのは無理。天皇ご自身が『お気持ち』を表明するしかない。憲法に抵触しないよう、国民が『察する』ような形にする」との結論に達した。

平成三十年が三年後に迫った一五（同二十七）年、十二月の天皇誕生日での記者会見で「お気持ち」を示されることになり、春には原案もできあがっていた。しかし、退位に消極的な官邸側との調整がつかず、見送られる。

「お気持ち」表明は翌一六年七月の参院選後、と見定められた。　（I）

3・11「苦難分かち合う」ビデオメッセージ

災害時の流言飛語がどれほどの悲劇を生むか。関東大震災での朝鮮人虐殺は痛恨の歴史だ。平成は大災害の多い時代だったが、人々を狂気に走らせるような事態は起きなかった。

しかし、二〇一一（平成二十三）年三月十一日の東日本大震災のあまりにも巨大な災厄は、平成の災害時に培われた非常時での冷静さ、助け合いの心などを吹き飛ばしかねなかった。

福島の原発事故に関して、ネットでは不安をあおる根拠不確かな情報があふれていた。地震数日後、パニックになり〝疎開〟しようとする人たちで、東京駅などは大混雑となっていた。

極め付きは「天皇陛下はすでに京都に避難した」というデマだった。当時の侍従長、川島裕さん（76）は「陛下が東京の人々を見捨てて避難することなどあり得ないこと」と、この

東日本大震災発生5日後に国民に向けてお言葉を述べる天皇陛下（2011年3月、皇居・御所）＝宮内庁提供

話を聞いて仰天したという。

平時では一笑に付されるようなことが、人々の恐怖を増幅させ、無用の混乱を引き起こす。人はかくも流言に弱いものなのか。

川島さんによると、天皇陛下は毎朝六時の起床とともにテレビで災害の状況を注視し続け、何度も宮内庁長官、侍従長を呼んで、皇室として何ができるかを相談していた。節電のための宮殿の閉鎖、皇居のある千代田区は対象外だったが、計画停電に合わせた御所の電気使用停止等々――。

これでは足りない。しかし、被災地を見舞うには日が浅すぎる。陛下はそう考えられたのか、十五日になって映像によるメッセージを国民に伝えることを決めた。前例のない試みだった。

動きは早かった。翌十六日の午前中にはお言葉の草稿を仕上げた。メッセージを出すと発表されたのが昼すぎ。午後三時から御所で収録を行い、四時半からテレビ各局で、メッセージを読み上げる天皇陛下の映像が放映された。災害関連の緊急ニュースが入った際はそちらを優先することになっていた。

陛下は原発の状況が予断を許さないこと、避難生活を送っている人々が厳しい環境にあることに触れ、「何にも増して、この大災害を生き抜き、被災者としての自らを励ましつつ、これからの日々を生きようとしている人々の雄々しさに深く胸を打たれています」と述べられた。

それは自身をも励ますような言葉だった。世界各国の元首から見舞いが届いていることを伝えたあと、「被災者のこれからの苦難の日々を、私たち皆が、様々な形で少しでも多く分かち合っていくこと」「被災した各地域の上にこれからも長く心を寄せ、被災者と共にそれぞれの地域の復興の道のりを見守り続けていくこと」を訴えられた。

放送は約五分半。川島さんは「象徴とはこのような役割もあったのかと思った」と言う。

「未曽有の国難のとき、自らの姿を国民に見せて、言葉を伝えて、動揺を鎮める、落ち着かせる。非常時だからこそ、メッセージに意味があった」

被災地では「励ましになった」という受け止めが多かった。「平成の玉音放送」ともいわれたが、そのような上からの響きはそぐわなかった。悲しみ、苦しみの分かち合いを実践する七週連続の被災者見舞いが、二週間後から始まる。（Ⅰ）

災害の記憶、消すことなく

天災について多くの至言を残した物理学者の寺田寅彦は、日本の国土は深き慈愛でわれわれを保育する慈母であると同時に、しばしば「刑罰のムチ」を振るう厳父だと言った。三陸沖は世界屈指の良漁場で、豊かな海の幸を与えてくれる母なる海だった。しかし、眼下には厳父のムチで見る影もなくなった惨状が広がっていた。

「ショックだった。海岸沿いは根こそぎ住宅が消えている情景が延々と続いていた」と、元侍従長の川島裕さん（76）は両陛下に同乗したヘリから見た三陸海岸の光景を思い出す。

東日本大震災発生から一カ月半後の二〇一一（平成二十三）年四月二十七日、天皇、皇后両陛下は宮城県の被災地を日帰り訪問された。それまで四週連続で東京都、埼玉県に避難している被災者の見舞い、千葉、茨城県の被災地訪問を続けていた。

この日は被害が甚大だった東北三県（宮城、岩手、福島）に初めて入った。まず、この時

津波で被害を受けた市街地に向かって黙礼する天皇、皇后両陛下(2011年4月27日、宮城県南三陸町)

点で津波により約五百人が死亡、六百人以上が行方不明となっていた南三陸町を見舞った。

出迎えて被害状況を説明したのは同町長の佐藤仁さん(67)。津波で四十三人が亡くなった防災対策庁舎で、非常階段の手すりにしがみついて奇跡的に生還した。

「大変なときでした。家族を、親戚を亡くした人がほとんどですから。被災者は何かあればすぐ泣く、怒るという状態が続いていた」と佐藤さんは言う。しかし、避難所の中学校体育館に両陛下が入ったとき、空気が一変したという。被災者の顔に笑顔が戻った。

「理屈じゃないんですよ。奈落の底に落ちたわけじゃないですか。どうやってはい上がろうかともがき苦しんでいるときに両陛下が来られた。われわれは見捨てられていない。歩き始めるための一筋の光を見つけたような気がした」

被災者に声をかけ、ねぎらい続ける両陛下に付き添って、佐藤さんは感心したことがある。「絶対に相手の話をさえぎらない。思いのたけを言いたくてしかたがない人にずっと言わせる。それをじっと聞いている。行方不明の孫の写真を出して、まだ見つかってませんというような話が出る。話す方もつらいけど、聞く方もつらいと思いますよ」

両陛下は五月に岩手、福島県を訪問し、前例のない七週連続の被災者見舞いを果たした。その疲労の蓄積も影響したのか、天皇陛下は十一月に気管支肺炎で入院、皇后さまも夏ごろから持病の左肩から腕の痛みを発症していた。

陛下はこの年の誕生日の文書回答で「人々に幸を与えてくれる海も、時に荒れ、多大な被害をもたらします」と述べられている。まさに寅彦の言う慈母と厳父だ。寅彦は災害がまれにしか起きず、それが忘却されることが被害を大きくしているとして、過去の事実を記録し、かつ記憶していくことの大切さを説いた。

陛下も先の言葉に「災害時における人々の悲しみを記憶から消すことなく、常に工夫と訓練を重ね、将来起こるべきことに備えていかなければならないと思います」と付け加えられた。

様々な災害現場に足を運び、実見してきたゆえの、平成の至言である。（I）

時が味方した心臓手術

異変は二〇一〇（平成二十二）年九月中旬、静養中の神奈川県・葉山で起きた。朝、天皇陛下は御用邸前の海で和船をこいだあと、立っていられないほどの胸の苦しさを訴えられた。

翌一一年二月十一日、陛下は東大病院（東京・文京）で心臓の冠動脈の造影検査を受けられた。その結果、冠動脈全体に一定程度の動脈硬化が認められ、部分的に血管が狭くなっていることが分かった。

三つの治療法が考えられた。▽薬物療法▽ステントという金網状の筒を挿入して血管を広げるカテーテル治療▽新たな血管をつなぐバイパス手術。医師団の見解は割れた。手術で抜本的な治療をすべきだという意見もあったが、直ちに生命の危機につながる状態ではないため、薬物療法で様子を見ることになった。

医師らの見送りを受け東大病院を退院する天皇陛下と皇后さま。右から3人目が執刀医の天野さん（2012年3月4日、東京都文京区）

「結果的には正解だった。翌月に東日本大震災が発生した。あのとき手術に踏み切っていたら、術後すぐの震災ショックで危なかったかもしれない。それに七週連続で行った被災者見舞いも無理だっただろう」と当時の宮内庁幹部は言う。

ちょうど一年後の一二年二月十一日、再検査を行ったところ、前年より血管の狭窄《きょうさく》がやや進んでいた。それでも薬物療法継続の意見があったが、最終的に「陛下の活動の水準を維持するためには冠動脈のバイパス手術がベスト」という判断に至った。

手術は一週間後の同月十八日、東大病

院で行われることになった。〇三年に前立腺がんの手術をしているとはいえ、九年を経て陛下は七十八歳の高齢。冠動脈のバイパス手術は成功率が一〇〇％に近く、安全とされていたが、「史上初の天皇の心臓手術」は、素人感覚では「手が震える」言葉だ。

執刀医は現順天堂医院院長の天野篤さん（63）。五千五百件の心臓手術経験があり、心臓を動かしたまま行うオフポンプ方式の第一人者だった。執刀を依頼されたのは一週間前。「（諾否を）数秒考えたが、いざというときに手術をするために経験を積み、心の準備をしてきたという自負があった。いつでもこいという気持ちだった。特別なことだが、自分自身には特別なことではないと言い聞かせることができた一週間だった」と振り返る。

手術当日、歩いて手術室に入った陛下は、三十人近くいたスタッフ一人ひとりにあいさつされた。午前十一時過ぎから始まった手術は三時間五十六分で無事終了。午後五時過ぎに集中治療室（ＩＣＵ）で皇后さま、黒田清子さんと面会した陛下は、二人に手をさすられて「気持ちいい」と答えられた。

天野さんは「ＩＣＵから通常の病室に移ってから拝診にうかがったら、陛下はもう机でワープロに向かっていた。傷の痛みやつらさがあると思うのに、思い立ったらすぐ行動するのはすごいなと思った」と話す。

〈天地《あめつち》にきざし来たれるものありて君が春野に立たす日近し〉

手術翌年の歌会始での皇后さまの歌だ。「春になればよくなります」という医師の言葉を頼りにしていた皇后さまが、春の気配で陛下の回復も近いと感じ取った歌と解説されている。

「天」「野」「あ・つ・し」の文字が読み取れると解釈する人もいた。天野さんは皇后さまの感謝の表現かもしれない、と考えることもあるという。（Ｉ）

「女性宮家」進まぬ議論

天皇家の長女、黒田清子さんが学習院女子部に在学中の十五歳のころ。学芸会で、映画「ローマの休日」を翻案した「レディ・アンを捜して」という劇の脚本を執筆した。〈紀宮さま〉も外国風にいえば王女である。オードリー・ヘップバーン演じる欧州某国の王女、アンの恋と冒険の物語に自身を重ねつつ、戯曲を紡いだのだろうか。

紀宮さまの結婚による皇籍離脱の直後だった。二〇〇五（平成十七）年十一月、小泉純一郎首相が設置した「皇室典範に関する有識者会議」は、女性・女系天皇に皇位継承を認める報告書をまとめた。

だが、秋篠宮ご夫妻に男子、悠仁さまが生まれ、皇室典範改正の機運は急速にしぼんだ。

それから六年余りが過ぎた一二（同二十四）年二月。民主党の野田佳彦内閣は、「皇室制度に関する有識者ヒアリング」を立ち上げた。

結婚による皇籍離脱が続けば女性宮家実現はさらに遠のく
(2011年12月の天皇ご一家)

天皇陛下の孫である皇太子ご夫妻の長女、愛子さま、秋篠宮ご夫妻の長女、眞子さまと次女佳子さまの三人が、結婚後も皇族の地位にとどまる「女性宮家」の創設の是非が主な論点だった。

将来、皇位を継ぐ悠仁さま以外、皇族がいなくなってしまう。そんな事態を懸念する宮内庁が官邸に働きかけた。

まず、天皇の直系の女子を結婚後も皇族の身分にとどめ、将来、女性皇族の皇位継承を認める皇室典範改正への道筋を模索する。同庁にはそんな思惑もあったようだ。

しかし、自民党が政権に復帰。男系男子の皇位継承の伝統を重視する安倍晋三内閣の発足で議論は立ち消えになった。天皇陛下の退位特例法の付帯決議に盛り込まれた「女性宮家」創設を含む安定的な皇位継承の方策についても本格的な議論は始まっていない。なぜか。二つの立場が対立し、党派を超えた合意が見通せないからだ。

内閣法制局参事官として日本国憲法の制定にたずさわった憲法学者、佐藤功氏が、昭和天皇の逝去の後に法律雑誌「ジュリスト」で本質的な指摘をしている。要約すると――

戦後、新憲法を審議する議会で保守政党は担当大臣の金森徳次郎に、象徴天皇制は「国体」を変更するものではないと答弁せよ、と求めた。一方、革新政党は正反対の要求をする。窮した金森はこんな趣旨の答弁をした。

「天皇が統治権の総攬《そうらん》者だということが国体なら、新憲法により明らかに変更された」

その一方で、「天皇を国民のいわば『あこがれの中心』として国が成り立っているということがわが国の基本的特色であり、それを国体であるとするならば、その意味の国体はなんら変更されておりません」

後者は、保守派をなだめるための答弁だった。が、佐藤氏は、古代からの「万世一系」が、象徴天皇制と地続きだという理解を広める一因になったと総括する。女性宮家や女性・

女系天皇を認めない立場の論拠にもなっている。

憲法制定当時の「二つの国体論」を今、どのように捉え直すのか。遠回りのようだが、安定的な皇位継承の方途を探る上で、立ち返るべき論点かもしれない。（W）

「主権回復」と「屈辱」の日に

「私らは民のうちに入ってなかったんだ」

二〇一八（平成三十）年に放送されたＮＨＫ大河ドラマ「西郷《せご》どん」。亡き薩摩藩主がいかに民のことを大切に思っていたか力説する西郷隆盛に対し、藩命で潜伏していた奄美大島で妻となる愛加那《あいかな》が返した悲しい言葉だ。大島の人々は薩摩藩による過酷な砂糖の収奪「黒糖地獄」に苦しめられていた。

一九五二年四月二十八日、サンフランシスコ講和条約が発効、日本は米軍の占領から独立した。二〇一三（同二十五）年三月、政府は「主権回復の日」として同年のこの日、政府主催の式典開催を閣議で決定した。式典には天皇、皇后両陛下が出席することになった。

沖縄の人々は激しく反発した。同条約では奄美群島、小笠原諸島、沖縄は依然米軍の施政下に残されたままだった。沖縄ではこの日は本土から切り離された「屈辱の日」として語り

主権回復を記念する式典終了後、出席者の万歳三唱を受ける天皇、皇后両陛下（2013年4月28日）

継がれてきた。

「これを主権回復の日とするなら、沖縄は日本ではないということか」との声が上がった。安倍晋三首相が式典開催を表明した当初、沖縄について何も言及しなかったことも、沖縄県民の感情を悪化させた。式典当日、沖縄では抗議のため市民団体による「4・28『屈辱の日』沖縄大会」が開かれることになった。

戦争、そして戦後の本土との分断により沖縄が被ってきた苦難への天皇陛下の深い思いは誰もが知るところだ。その沖縄で「再び切り捨てるのか」と批判されている式典への出席。陛下はどう受けとめたのか。

当時、その心が表に出ることはなかったが、宮内庁関係者によると、陛下は出席に強く難色を示されていたという。

「講和条約が発効したとき、沖縄は独立していなかった。沖縄の実情を考慮しないと、本当の意味での独立とはいえない、というのが天皇陛下のお考えだった」と、この関係者は言う。そして、陛下は出席するのであれば、沖縄への思いを込めた「お言葉」を述べることを希望されたという。

しかし、天皇が沖縄に言及すれば、式典への批判と受け取られる可能性がある。天皇と内閣が対立している印象を与え、政治的に大問題になるとして、周囲が説得。お言葉なしの出席で納得してもらった。

ある元宮内庁幹部は「天皇の意に沿わないことを要請しない、断ることが政治的な行為になってしまう状況に置かないという配慮があるべきだった。従来の政権にはそういう自制があった」と批判する。

東京・永田町の憲政記念館での式典に沖縄県知事は出席しなかった。首相は式辞で、この日は奄美、小笠原、沖縄が日本から切り離された日でもあることに触れ、「沖縄が経てきた辛苦に深く思いを寄せる努力をなすべきだ」と述べた。沖縄の感情を考え、祝賀ムードは抑え気味だった。

しかし、式典が終了し、両陛下が退席するとき、会場内から「天皇陛下バンザーイ」の声が上がった。つられる形で壇上の首相、衆院議長を含む出席者の多くがバンザイを三唱した。

両陛下は無表情でその声を聞いていた。この日を「屈辱」とする沖縄の人々も、天皇が寄り添ってきた「国民」であることに思い至る人は少なかった。（I）

水俣で向き合った「真実」

「安らかにねむって下さい、などという言葉は、しばしば、生者たちの欺瞞《ぎまん》のために使われる。このとき釜鶴松の死につつあったまなざしは、まさに魂魄《こんぱく》この世にとどまり、決して安らかになど往生しきれぬまなざしであったのである」

二〇一八（平成三十）年二月に九十歳で亡くなった作家の石牟礼道子さんは『苦海浄土』で、水俣病で苦しむ老漁師をこう描写した。

石牟礼さんの「天皇」の記憶は四歳のとき。戦前、陸軍の演習で熊本を訪れ、通過する昭和天皇の車を、田んぼにむしろを敷き、土下座する人々の間から眺め見た。それが天皇と水俣の距離だった。いわんや水俣病をや。

一三（同二十五）年十月二十七日、天皇、皇后両陛下は水俣を訪れた。水俣病の犠牲者を悼み、苦しみ続けた患者たちの声を聞くために、公害の原点といわれる地にまっすぐ向かっ

水俣病資料館語り部の会会長の緒方さん（右）の話を聞く天皇、皇后両陛下（2013年10月、熊本県水俣市）

て。
それまで天皇が公害の被害者と会うことはなかった。人災である公害は裁判などで企業、患者の争いがある。「公平」の観点から控えられてきた。一九九七年の水俣湾の安全宣言で争いは収束していたとはいえ、〝タブー〟を破る訪問だった。
両陛下は水俣病資料館で、惨禍を語り継ぐ「語り部の会」の十三人と面会した。同会会長の緒方正実さん（61）が約十七分の講話を行った。この日の朝、緒方さんは一本の電話を受けていた。石牟礼さんだった。
「患者さんの代表、市民の代表、いろいろ重たいものを背負わされているけれど、正実さんの思いを、いつもの正直な目で話してくださいね」

漁師だった緒方さんの祖父は急性劇症型の水俣病で亡くなり、妹は胎児性の患者だった。家族、親戚に約二十人の認定患者がいた。水俣病患者が差別されていた時期、自身が患者であることを隠し続けていた。緒方さんは両陛下に言った。

「日本は戦後復興のなかで水俣病という重大な過ちを犯してしまいました。この問題は現在もいろんな問題を残しており、けっして終わっていません」。そして水俣病から逃げていた、かつての自分の生き方が間違いであり、「正直に生きることが人間にとってどれだけ大切なことか分かりました」と。

緒方さんには自分の目を見つめて話を聞く両陛下が、一度もまばたきをしなかったように見えた。講話後、こんどは天皇陛下が異例の〝スピーチ〟を始めた。

「本当にお気持ち、察するにあまりあると思っています。やはり真実に生きるということができる社会を皆でつくっていきたいものだと改めて思いました。（略）今後の日本が、自分が正しくあることができる社会になっていく、そうなればと思っています」

陛下の言葉は、水俣病に限らず、この国のあり方、人々の考え方にも向けられていた。緒方さんは水俣の悲劇が二度と繰り返されないよう願い、「祈りのこけし」を彫り続けている。両陛下は帰京する際、二つ持ち帰った。

訪問から四年三カ月後の一八年一月、宮内庁から電話があった。「天皇陛下はいまでも特別な思いで水俣病と向き合うため、御所にこけしを置かれています」（I）

象徴らしい葬儀と陵

「天にあっては比翼の鳥となり」と唐の詩人・白楽天は玄宗皇帝と楊貴妃の悲恋を「長恨歌」で歌った。比翼の鳥は一目一翼の伝説上の鳥で、雄と雌が助け合って飛ぶ。ここから相思相愛の男女が共に眠る墓を比翼塚という。

平成が半ばにさしかかったころ、天皇陛下は将来の自身の葬儀と陵について、前例踏襲ではなく、時代に合った形に見直した方がよいのではないか、と宮内庁幹部に提案された。

近代の天皇の葬儀は、万世一系の視覚化とその権威を高めるための国家ページェントとなった。とくに天皇陵は古代古墳のように巨大化された。昭和天皇の葬儀は戦前より縮小されたが、基本構造は同じだった。

陛下の念頭に「象徴天皇らしい葬儀」があることを当時の側近らは感じ取っていた。見直しを検討した事務方から合葬形式の陵も提案された。天皇と皇后が同じ陵に入ることで、いわば比翼塚である。

「テニスコートの恋」で結ばれ、仲むつまじく過ごしてこられた両陛下らしい陵といえるが、合葬提案の背景には切実な問題があった。大正、昭和の天皇、皇后陵がある東京・八王子市の武蔵陵墓地には、今後も同規模の陵を造営し続けられる用地がなかった。合葬なら陵一つ分のスペースが〝節約〟できる。

天皇陛下もそれを気に掛けていて、合葬に賛意を示されたが、皇后さまが「畏《おそ》れ多い」と遠慮された。その代わり、陛下の陵と同じ兆域（墓域）に小さなものでいいので、自身の墓を造ってほしいというお気持ちを示された。

二〇一三（平成二十五）年十一月十四日、宮内庁は両陛下の意向を受けたものとして、「今後の陵と葬儀のあり方」を発表した。ひと昔前なら「天皇の死」に関する事柄を語ることは、この国で最大の禁忌だった。それが公表されたことに国民は驚くと同時に、いかにも平成の天皇らしいと受け取った。「極力国民生活への影響が少ない形で」という陛下の葬儀改革の動機が示されていたからだ。

大きな変更点は二つ。約四百年続いてきた土葬を火葬にすることになった。江戸時代以前

新たな天皇、皇后陵のイメージ図

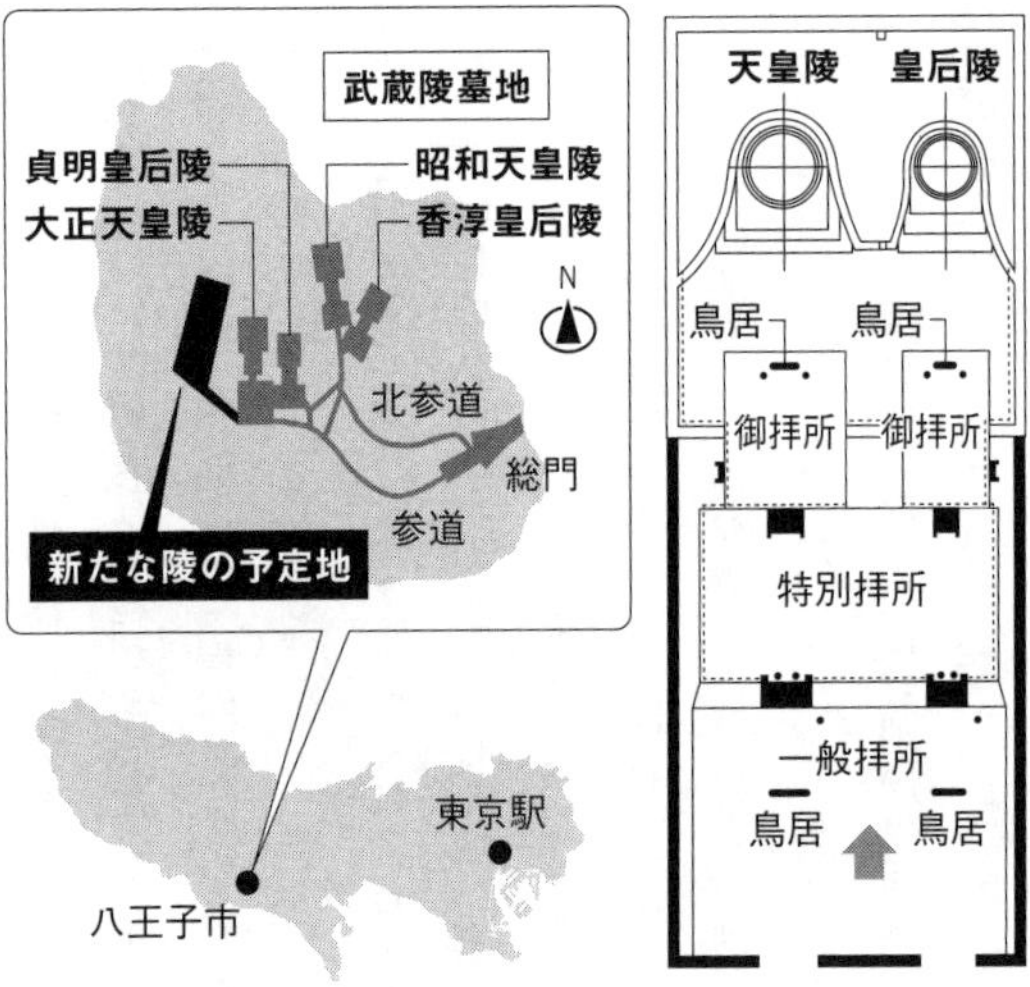

は火葬の方が通例で、一般社会でも九九％が火葬であることも意識された。戦後に亡くなった秩父宮、高松宮ら皇族は火葬で、墓も比翼塚である。

陵については「あまりに大胆な変更は保守派の反発が予想されるため、従来の上円下方墳の形式は踏襲しなければならなかった」と元宮内庁幹部は話す。

戦前の皇室陵墓令では天皇陵の兆域は二五〇〇平方メートル、皇后は一八〇〇平方メートル、合計面積は四三〇〇平方メートルで、昭和もこれに沿った。検討の結果、これまで別々の場所にあった天皇、皇后陵を寄り添う形に造ることで、敷地面積を従来の半分程度と大幅に抑えた。

白楽天の詩は「地にあっては連理の枝とならん」と続いている。別々に埋葬された夫婦の墓から生えた木の枝が絡み合い、根もつながり、死後も深い契りで結び合っているようだったという故事による。

発表された陵の図面とイメージ図を見ると、比翼塚とはならなかったが、連理の枝で結ばれるのではないか、との想像も浮かぶ。（I）

「忘れられた戦場」の慰霊

「ペリリューはまだ落ちぬのか」

一九四四年十月半ばを過ぎたころから、大本営ではこれが毎日のあいさつになっていた。パラオのペリリュー島の日本軍守備隊は約一万人。攻める米軍の総兵力は約五万人。「三日で片が付く」といわれていたが、日本軍は九月中旬から十一月下旬まで二カ月半持ちこたえて玉砕した。昭和天皇から異例の十一回もの「御嘉賞」の言葉が下された。

数少ない生還者の元日本兵、土田喜代一さん（二〇一八年十月、九十八歳で死去）は「米軍の爆撃でジャングルがみるみるうちになくなって土色になっていった。水を飲んで死にたいという思いだけだった。戦後しばらくの間はペリリュー帰りと言うと驚かれた。内地では連日報道されていたようで、『すごく抵抗した島じゃないですか』と言われた」と話していた。

「西太平洋戦没者の碑」に供花する天皇、皇后両陛下
(2015年、パラオ・ペリリュー島)

しかし、その記憶も次第に失われ、平成時代になると、多くの日本人にとってペリリューといえばダイビングの人気スポットという印象しかなく、「忘れられた戦場」となっていった。

戦後七十年の二〇一五（平成二十七）年四月八〜九日、天皇、皇后両陛下は十年前のサイパン以来の海外慰霊の旅として、パラオを訪問された。現地事情に配慮し、海上保安庁の巡視船に宿泊、島への移動も海保のヘリ。前例のないことだった。

九日午前、両陛下を乗せたヘリが島に到着。バスで島南端にある「西太平洋戦没者の碑」に向かった。同乗していた当時の侍従長、川島裕さん（76）は「天皇陛下がバスから見える木々の名前を説明していって、皇后さまが感心して聞かれていた。戦争で失われた密林がその後再生したことに、陛下は感慨が深かったのではないか」と話す。

島には多くの日本兵の遺骨が残されており、収集作業も行われていた。両陛下は現場訪問を希望されていたが、密林の中の道なき道を行くような場所で、日程上も無理だった。そのため、この日の朝、宮内庁長官、侍従長らが視察し、バスの中で状況を報告した。

碑に到着した両陛下は、南洋の強い日差しのもと、白菊を供え、深く拝礼。そこから遠望できるアンガウル島（約千百五十人の日本兵らが玉砕）へ向かってもこうべを垂れた。

両陛下は集まった遺族会関係者や土田さんら生還した元日本兵らに声をかけ、その後、米軍側の慰霊碑に移動。花輪をささげ、美しい砂浜のオレンジビーチを、遺骨収集にたずさわっているガイドの説明を聞きながら眺めた。米軍上陸時の激戦の場だ。パラオでの滞在時間はちょうど二十四時間の強行軍だった。

日米で約一万二千人もの命が失われたこの島を戦後の日本人は忘却のかなたへ追いやってきた。天皇陛下はパラオへ出発前、「太平洋に浮かぶ美しい島々で、このような悲しい歴史があったことを、私どもは決して忘れてはならないと思います」とお言葉を述べられていた。

両陛下の訪問は大きく報道され、平成の日本人は「ペリリュー」という名を思い出し、あるいは初めて知った。忘れられるという「二度目の死」から、戦没者の魂が救済された、といえるのではないだろうか。

（I）

「いちばん長い日」の公開

「それは秋も深まる昭和三十七年十一月のことであった。私がたどった道はいくつかの丘をめぐるように造られ、落ち葉を踏みつつ進んだ。（略）防空壕《ごう》の入口が雑草に埋もれて眠っていた」

昭和天皇による終戦の「聖断」のときを描いた有名な絵画「最後の御前会議」の画家、白川一郎は、日本の運命を決めた歴史的な場である皇居・吹上御苑内の地下壕「御文庫付属室」を見学したときのことを月刊誌に書いている。

リアルな絵は会議の出席者の証言をもとに想像で描かれたと一部で信じられているが、白川は宮内庁の許可を得て現場を見ていた。ただ、これは異例のケースで、地下壕は戦後封印されたままだった。

昭和天皇実録によると、一九五四年に天皇が壕を撤去できないか侍従次長に尋ねている。

終戦を決めた御前会議が開かれた御文庫付属室の会議室
＝宮内庁提供

思い出したくも見たくもない場所だったのか。戦後二十年の六五年八月、報道各社に公開されたが、その後はまた深い眠りに入り、忘れられていく。

戦後七十年の二〇一五（平成二十七）年八月、地下壕は半世紀ぶりに眠りから覚める。内部は壁や床が朽ちて劣化が激しいため、立ち入りは許可されなかったが、宮内庁は図面や写真、動画などの資料を公開した。

終戦に至る一日を描いた『日本のいちばん長い日』の著者、半藤一利さん（88）は「本を書いた戦後二十年当時、御文庫付属室に関する資料はほとんどなかった。不思議なことに、戦争終結を決めた場所に誰も関心を持たなかった。敗戦を忘れたい感情もあったのだろう」と話す。戦時中の昭和天皇の住居「御文庫」と混同した文献も多かった。

御文庫付属室公開は前年から宮内記者会が要望していた。当時の宮内庁長官、風岡典之さん（72）は「歴史的な遺物も含め、皇居内の施設や庭園はできるだけ国民に知ってもらう、という天皇陛下のお考えもあって、ご了承をいただいた」と言う。

終戦のドラマを語る上で、もう一つ重要な歴史的物品があった。終戦に反対する反乱部隊が奪おうとした玉音放送の録音盤だ。その原盤が宮内庁内に保管されていた。それまでテレビ放送などで使われていたのは、戦後間もないころに複製されたものだった。

風岡さんは「この原盤も戦後七十年を機に公開しようということになった。当初は原盤を公開するだけのつもりだったが、陛下から『針を落としてみてはどうか』とのお話をいただいた。古いレコード盤なのでどうかなと思ったが、専門家に依頼したところ、七十年の歳月を経ていてもきれいに音がとれた」と話す。

天皇陛下は皇后さま、皇太子さま、秋篠宮さまとともに、原盤で約四分半に及ぶ昭和天皇の終戦を告げる声を聞かれたという。

陛下は同年の「新年のご感想」で、「(戦後七十年という節目の年にあたって) この機会に、満州事変に始まるこの戦争の歴史を十分に学び、今後の日本のあり方を考えていくことが、今、極めて大切なことだと思っています」と述べられた。

戦争を終わらせることがいかに難しいか。かつて日本人がもがき苦しんだ「いちばん長い日」の歴史遺産公開により、それを学び直すことができた。

(I)

見捨てられた同胞に光

残留孤児――。まず連想するのは、終戦時に中国大陸で親と生き別れた日本人の子供たちだ。しかし、日本の戦争による「残留」という名の悲劇は中国だけで起きたわけではない。フィリピン、ベトナムで、日本人と現地女性との間に生まれた日系二世は筆舌に尽くせぬ苦難を味わってきた。戦後の日本人の視野に彼らは入っておらず、「歴史の孤児」ともいえる。

天皇、皇后両陛下は二〇一六（平成二十八）年にフィリピン、翌一七（同二十九）年にベトナムで、残留日系人といわれる人々と面会。彼ら「見捨てられた同胞」に初めて光が当たった。

フィリピンには戦前、多くの日本人移民がおり、太平洋戦争直前には約三万人に上っていた。一九四一年十二月に開戦。日本軍はフィリピンを占領し、移民は日本人として軍属など

残留日系二世らに声をかける天皇、皇后両陛下
(2016年、フィリピン・マニラ)

に徴用された。

四四年十月、米軍のレイテ島上陸でフィリピン戦が始まり、百万人以上の市民が犠牲になった。日本人の集団自決も頻発し、多数の孤児が残された。日本軍に協力した日系人はフィリピン人の恨みを受け、戦後は差別と貧困に苦しんだ。

一方、ベトナムでは終戦後も帰国せず、フランスからの独立戦争を戦ったベトナム独立同盟会(ベトミン)軍に参加した残留日本兵がいた。彼らはベトナム人女性と結婚し、二世が生まれた。五四年、フランスとの戦争が終結し、残留日本兵は強制的に帰国させられたが、家族の同行は認められなかった。残された母子はやはり貧困を強いられた。

二〇一六年一月二十八日、マニラのホテルのロビーで日系二世八十六人が日の丸の小旗を持って両陛下を待っていた。多くは八十歳前後。両陛下は一人ひとりに声をかけ、手を握った。八十四歳の女性は「天皇陛下に『大変でしたね』と言ってもらった。父は戦時中に亡くなったが、父親に会えたような気持ち」と涙ぐんだ。

日系二世を支援しているNPO法人「フィリピン日系人リーガルサポートセンター」の事務局長、猪俣典弘さん(49)は「両陛下と会ったあとの二世らの笑顔が忘れられない。自分たちは日本人として認めてもらえたという思いだったのだろう」と言う。

ベトナムでは一七年三月二日、二世とその母親である元日本兵の妻らと対面した。グエン・ティ・スアンさん(当時九十三歳、一八年一月死去)は「夫が日本に帰り、一人で子供四人を育てました。とても大変でした」と思いを述べた。皇后さまは「ご苦労された日々のことは新聞で読みました。健康を大事になさってください」とねぎらわれた。

彼ら残留日系人らは、日本人の知らぬところで戦争の負の遺産に苦しみ続けてきた。生きる支えは「日本人としての誇り」だった。その声はフィリピン、ベトナム双方で聞かれた。

マニラで二世らを前に天皇陛下は次のように語られた。

「戦争中はみなさんずいぶんご苦労も多かったと思いますが、それぞれの社会において良い市民として活躍して今日に至っているということを大変うれしく誇らしく思っています」

猪俣さんは「棄民である残留日系人の悲しい記憶が、あの『誇り』という言葉で清算されたのではないか」と話している。


（Ｉ）

退位「玉音放送」の是非

歴史的既視感といえるかもしれない。予告された時刻に発せられた「玉音」が、国民の意識を一つの方向へと動かした。

二〇一六（平成二十八）年八月八日午後三時、天皇陛下の「象徴としてのお務めについてのおことば」と題したビデオメッセージが各テレビ局で一斉に放送された。十一分のお言葉で退位の意向が示唆されていた。放送は三日前に宮内庁が告知し、時間も指定されていた。その時刻に多くの国民がテレビ画面に見入った。

「全身全霊」「時として人々の傍らに立ち、その声に耳を傾け、思いに寄り添う」――。陛下が意を尽くして述べられた象徴のあり方は国民の胸を打った。高齢になり、それが実践できなくなったとき、天皇はどう身を処すべきか。数日後、各メディアの世論調査では「退位を認めるべき」が九割近くに上った。

天皇陛下のビデオメッセージを見る人たち
（2016年8月8日、東京・新宿）

「一九四五年八月十五日の昭和天皇の終戦の玉音放送まで大多数の国民は戦争はまだ続くと思っていたし、勝つと信じて戦っている人もいた。負けると思っていてもそれを言い出せる空気ではなかった。しかし、玉音放送で圧倒的多数の国民が天皇の意向に従う流れができた」

天皇制を研究する放送大学教授の原武史さん（56）は天皇が民意をつくり出す主体となった点で「退位メッセージ」との類似性を指摘する。「天皇の退位の意向が明らかになるまで、ほとんどの国民は天皇は終身在位するものであり、それが非人間的な制度であると思っていなかった」と言う。

陛下は政治への介入と受け取られないよう、お言葉は「個人として」の考えであると断られた。しかし、結果的には退位容認＝特例法成立への流れがつくられた。政治的権能を持たない天皇として、「玉音放送形式」は憲法の枠を踏み出していたのではないかと原さんは危惧する。

ビデオ放送後の宮内庁長官の記者会見でも違憲の可能性について質問が出ていた。宮内庁は憲法との兼ね合いも考慮したが、退位について政府や長官が代弁することはできないと判断した。ある元宮内庁幹部は違憲の指摘に対して次のように反論した。

「お言葉の表明まで陛下はかなり悩まれたようだ。通常なら憲法の制約があるので、陛下のお心の内は出してはならないが、この問題は例外的に見てもいいのではないか。退位の決断は象徴天皇として陛下が真摯に考え抜かれたこと。ご自身の進退に関わることまで何も言えないのはあまりに非人間的だ。お言葉をもって天皇の権力行使だと言うのは極論過ぎる」

ただ、宮内庁は「陛下のお姿を通じて、お気持ちが国民に直接正確に伝わる」として、東日本大震災のときのビデオ放送が念頭にあったことを明らかにしている。この〝成功体験〟

により、国民に理解を求めるための手段として「玉音放送」が選択された。

行政、立法府を飛び越え、天皇が国民と直接つながった瞬間でもあった。退位に消極的だったとされる官邸は立法化へ向け動かざるを得なくなった。原さんはこの問題をうやむやにせず、今後も検証していくべきだと訴えている。（I）

人間的象徴、「保守」が否定

「どこに、おれは神ではないと宣言せねばならぬほど蹂躙《じゅうりん》された個があっただろう」

一九四六年十一月に日本国憲法が公布されて間もないころ、作家の中野重治は小説「五《ご》勺《しゃく》の酒」で、この国でもっとも人権を抑圧されているのは天皇だと論じた。同じ時期、帝国議会では東京帝国大学総長の南原繁が天皇の終身制は「不自然、不合理」であり、新憲法で保障された基本的人権に反するとの論を展開した。

天皇の人権は日本国憲法創設時からの論点だったが、政府は「天皇に私なし」という戦前の神格化された天皇像をもって退位論を退けた。「私なし」は「自由意思なし」でもある。リベラルな立場だった憲法学の重鎮・宮沢俊義も象徴天皇は内閣の指示通り判を押すだけの「ロボット的」「虚器的」存在だとした。

保守は戦前の残像で、リベラルは戦前の反省から、ともに天皇の意思と行動を封じ込め

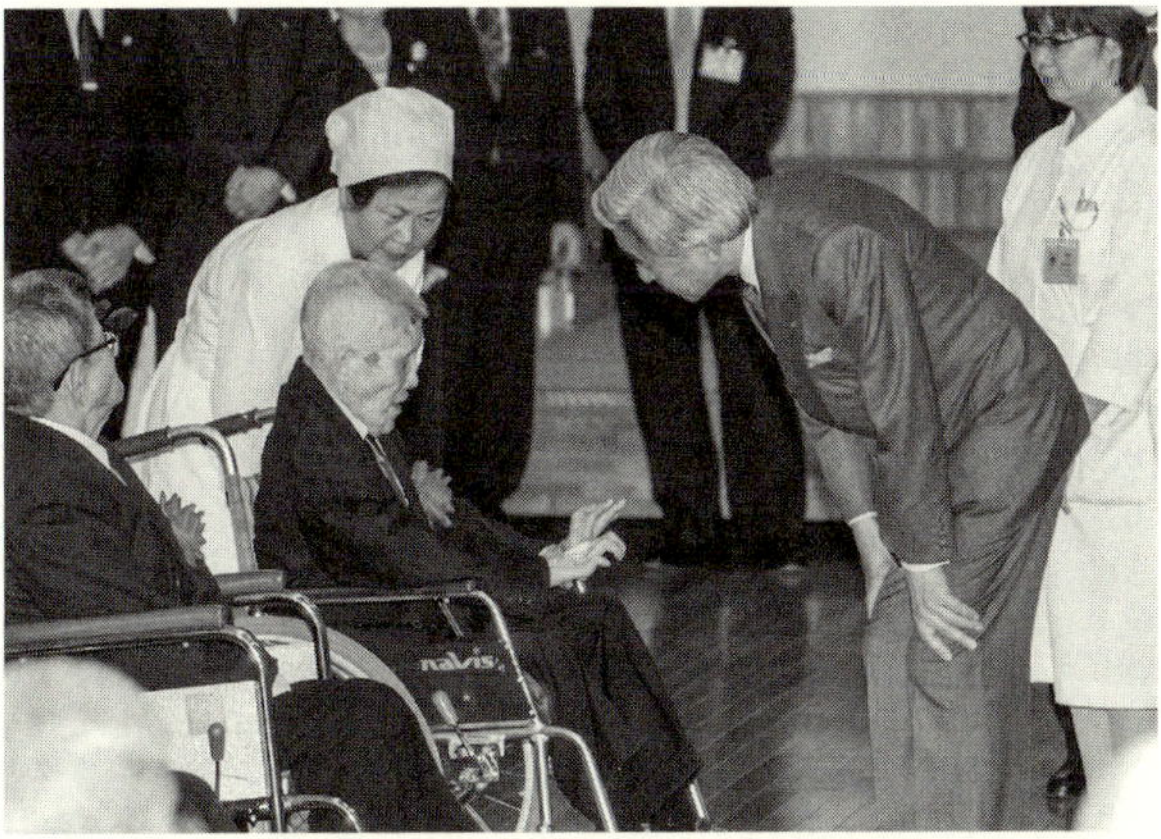
人々と触れ合い、「人間」としてのあり方を示し続けた天皇陛下
(2004年1月、沖縄県宮古島市の国立ハンセン病療養所「宮古南静園」)

た。神とロボットは「人ではない」意味で同義であり、人権も認められなかった。

二〇一六(平成二十八)年八月の天皇陛下の退位の意向を示唆した「お言葉」から二カ月が過ぎた十月十七日。政府は「天皇の公務の負担軽減等に関する有識者会議」を設置した。お言葉が法改正に直結して違憲と批判されないよう、「負担軽減」から議論を始める体裁をとったが、当初から「特例法で一代限りの退位」の方向が決まっていたという。ある会議関係者は次のように語った。

「安倍晋三首相の支持層の復古的保守派は恒久的に退位を認める皇室典範改正を許さ

ない。彼らを抑えるには特例法しかなかった。会議メンバーも政府方針に反対しない人が選ばれた。ヒアリングの有識者も首相に近い保守派が入った」

その有識者ヒアリングは十一月七日から三十日まで三回、十六人を対象に行われた。そこで表明された意見は、戦後間もない帝国議会での天皇の人権論議を再現したかのようだった。

退位に肯定的な識者は「人間的、人道的な側面を考慮すべきだ」「終身制は残酷な制度」などの見解を示した。否定的だったのは首相に近い保守派で「天皇は公的活動よりも祈ることが大事」「自由意思による退位容認は即位の拒否につながり、皇位の安定性を揺るがす」といった意見だった。

天皇陛下はお言葉で「人々の傍らで声に耳を傾け、思いに寄り添う」という活動する象徴像を示されたが、保守派からは「ご自分で定義され、拡大された天皇の役割を果たせないことを絶対条件にして退位というのはおかしい」と平成の「あり方」を全否定するような発言もあった。

「この意見には天皇陛下も驚いていた」と宮内庁関係者は言う。有識者会議関係者の一人も

「被災地訪問など無駄だと言わんばかりで、陛下を侮辱している」と憤っていた。ただ、神＝ロボットとしての天皇像を志向する「復古的保守」としては従来通りの考え方で、人間的なあり方は〝蹂躙〟される運命にある。

有識者会議は退位に反対する保守派のガス抜きの側面があったが、彼らの内なる天皇像と平成の象徴像との隔たりをあぶり出すことにもなった。（Ｉ）

島々の旅で見える日本

「島が現今のように進んだ本土の農村に比べておくれて来るようになったのは近い頃のことだと思います。少なくも明治中期以後のことではないでしょうか」

日本各地をくまなく歩いて民間伝承を記した『忘れられた日本人』の民俗学者・宮本常一は、離島と本土との格差は近代の海上交通の発達から見放されたことによると語っている。

二〇一八（平成三十）年十二月、誕生日にあたっての記者会見で自身の来し方を「旅」と表現された天皇陛下。それは比喩であると同時に実際の経験でもあった。陛下は一六（同二十八）年八月の退位を示唆したお言葉で「日本の各地、とりわけ遠隔の地や島々への旅も、私は天皇の象徴的行為として、大切なものと感じて来ました」と述べられた。

このお言葉以降、実践で示すかのように、立て続けに離島を訪問された。一七年十一月に鹿児島県の屋久島、沖永良部島、与論島、一八年三月の沖縄県与那国島、そして同年八月の

沖縄県・与那国島の西崎で、日本最西端の碑を見学する天皇、皇后両陛下（2018年3月28日）

北海道利尻島。皇太子夫妻時代も含めて、訪れた島々は五十五に及ぶ。なぜ離島なのか。

元侍従長の渡辺允さん（82）は「島や僻地《へきち》に住む人たちは、そのほかの地域に住む人に比べて生活も不便で苦労が多いであろうから、自分たちで励ましたいというお考えからだと思います」と著書で書いている。

陛下は常々、日本の最果てを訪ねることを希望されていたという。最北端の北海道宗谷岬には即位間もない一九八九年九月に訪れたが、最南端の沖ノ鳥島、最東端の南鳥島は地理的、環境的に両陛下が訪問できる場所ではなく断念。残る最西端の与那国島訪問が二〇一八年三月二十八日に実現した。

両陛下は島の小学校で若者、子供たちによる民俗芸能「棒踊り」を鑑賞。漁協では体長二・七メートルのカジキを見学された。そして日本最西端の碑が立つ西崎《いりざき》から一一〇キロ先の台湾方面の海を遠望した。終戦直後、米軍施政下で本土と分断されていた与那国島は、台湾との交易の中継地として繁栄。最盛期は人口一万二千人に上った（現在は約千七百人）。最果ての島の芸能、水産業、戦後史は本土ではほとんど知られていない。

碑の近くで花を見つけた皇后さまが「野生のユリですか」と聞くと、天皇陛下が即座に「野生のテッポウユリだね」と答えられた。テッポウユリは同島など南西諸島が原産地だ。

天皇陛下は一六年八月のお言葉で、国内の旅は「その地域を愛し、その共同体を地道に支える人々のあること」を認識させたと述べられた。皇后さまは一七年十月の誕生日の文書回答で、旅で訪れたいずれの土地でも「人々の意識の高さ、真面目さ、勤勉さ」を感じたと書かれている。

視点を周縁に移してみる。そこに中央で知り得なかった日本の姿が見えてくる。それが象徴の旅の意義なのかもしれない。宮本常一は離島と本土の格差を縮めるために必要なこととして、次のように言う。

「忘れられた社会から国民全体に意識せられる社会に立ち戻ることによって……。われわれは忘れてさえいなければ、その社会を進歩させるための努力をするものです」（I）

達成された国民の象徴

「わが友は——」

その人は天皇陛下をそう呼ぶことがあった。そしてこうも言った。「彼は本質的に強い男だよ」

元共同通信記者のジャーナリスト、松尾文夫さん。二〇一九（平成三十一）年二月末、取材で訪れていた米ニューヨーク州で急逝した。八十五歳。陛下とは学習院高等科、大学の同級生だった。東京・目白のキャンパス内にあった学生寮「清明寮」で陛下と同室で、約二年間寝食をともにした。

親友ゆえに、松尾さんは陛下に遠慮なく「直球」でもの申すことが多かったという。ただ、自身がメディアの人間でありながら、交友の詳細を口外することはなかった。陛下にとって、何でも話すことのできる、真の気が置けない友だったのではないだろうか。

葉山御用邸近くの海岸を散策する天皇、皇后両陛下
(2019年1月21日、神奈川県葉山町)

その友が語った数少ない天皇陛下の人となりを表す言葉のなかで強調されていたのが「強さ」だった。平成の象徴像を形づくってきた原動力は意思の強さにある、と。振り返ると、いまでは多くの国民から支持されている「あり方」は、当初は昭和時代との比較でかなりの違和感を持たれ、抵抗にあってきた。

災害被災地訪問は「一カ所に行くと、すべての被災地に行かなければ不公平になる」と疑問視された。膝をついてのお見舞い批判は表層的なもので、これこそ本質的問題だった。「天皇の強い希望で」と語られている海外慰霊の旅も、外国訪問は政治が絡む。天皇の意思が前面に出ることは憲法に抵触するという見解もあった。

昭和時代には考えられなかった天皇像に対する抵抗を〝力業〟で突破し、自身の信じる道を貫き通すには、屈しない意思が必要だった。昭和の前例をそのまま踏襲する方がずっと楽だったはずだ。しかし、「国民から超越した非人間的な存在であれ」という近代以降の天皇に要請された役割をよしとせず、人間的で人々に寄り添う「国民の象徴天皇」像を追い求めてきた。

ある意味「戦い」でもあったが、けっして孤独な旅ではなかった。退位が決まって以降、天皇陛下は友人に皇后さまへの感謝を話すことが多くなったという。

陛下は二〇一八年十二月の天皇として最後の誕生日に際しての記者会見で「私は成年皇族として人生の旅を歩み始めて程なく、現在の皇后と出会い、深い信頼の下、同伴を求め、爾《じ》来《らい》この伴侶と共に、これまでの旅を続けてきました」と述べられた。

皇太子妃は旧皇族・華族出身という慣例を破って、自分の気持ちに正直に向き合い、「庶民」であった美智子さまに人生の旅の同伴を求めた。その意思と受け入れた皇后さまの決断のなんと大きかったことか。

陛下は会見で、皇后さまが「皇室と国民の双方への献身を、真心を持って果たしてきた」とねぎらわれた。皇后さまの友人の末盛千枝子さん（78）は言う。

「皇后さまが、陛下が即位後に起きた様々な事件、災害が『平成になったからだろうか』と漏らされたことがあって驚いた。平成は両陛下が動かれることによって、自分たちだけが大変なわけではないと皆が知った時代ではないか」

他者を思い、ときに傷つきながらも寄り添う。国民は、そこに献身と真心を見た。その静かな積み重ねと天皇陛下の強い意思が、二百年閉じていた退位への扉を開かせたのだろう。

松尾さんは米国に出発する前の一九年二月上旬、御所を訪れた。結果的に友との別れとなった。退位が正式に決まって以降、「陛下はいま達成感があるんだ」と語っていた。

平成の天皇と皇后の三十年の歩みの到達点は、まぎれもなく国民の象徴であった。（I）

鼎談　平成という時代と象徴天皇像を巡って

半藤一利
渡辺允
保阪正康

明仁天皇と美智子皇后が平成の三十年間で作り上げた「象徴のかたち」は、天皇と国民の関係史のなかでも特筆すべきものと評されるのではないだろうか。かつての上からもたらされた畏敬、尊崇ではなく、自然な感情からわき上がる親愛と敬愛。国民に寄り添うとともに、民主主義に適合し、それを体現したともいえる活動に数多くの人々が共感した結果ともいえる。その歩みについて、作家の半藤一利、元侍従長の渡辺允、ノンフィクション作家の保阪正康の三氏に語ってもらった。

（鼎談は二〇一九年二月一日に開催、聞き手は井上亮）

1　平成の精神

――天皇の在位期間と元号は重なっているため、「平成時代」は「明仁天皇と美智子皇后の時代」という言い方もできるかと思います。この時代が終わることへの感慨をまずお話しいただけますか。

半藤 昭和が終わったときにも感慨があったんです。「もう俺の時代は終わったか」と(笑)。夏目漱石が小説『こころ』で「明治の精神」という言葉を使って、その時代を表していた様々なものが明治天皇とともに終わったと書いています。同様に、昭和の精神があのとき終わったと思いました。

平成時代が終わろうとしている今、平成の精神というものも感じています。「平成の精神も終わるのか」と。漱石の言う意味とは違うかもしれませんが、「ああ、これで本当に俺の時代は終了した」と(笑)。

渡辺 自分自身の感慨ではありませんが、面白いなと思ったのは、平成の時代に生まれ育った若い人たちのなかで、平成が終わることに非常にショックを受けた、という人が何人もいるんです。何というか、足元から自分の時代がなくなっていく、というような感じを持つらしいんです。私としては予想していなかったことです。

天皇陛下については、天皇として、あるいは象徴として何をすべきかということを日々模索してきた、ということをずっと言い続けてこられた。二〇一六年の八月八日に「象徴としてのお務めについて」のお言葉がありましたが、あのときと二〇一八年の最後の誕生日の記者会見でおっしゃったことを両方あわせてみると、「ああ、こういうことを自分はやってきたと思っておられるんだな」と分かった気がしました。いよいよ最後になって、その絵が見えた感じがしています。

保阪　二〇一八年は明治百五十年ということで、あちらこちらで話を聞く機会があったのですが、近代日本を歴史の流れで見ていくと、様々な分析ができると思います。演劇的な見方をすると、起承転結というのかな、天皇という存在を柱に据えて、近代日本を起承転結という筋立てで見ていくことができると感じています。

それで、「結」という終結部分があるんですが、平成という時代は近代日本の形をきちんとまとめて、一編のドラマのような空間をつくったんじゃないかと思います。もちろん昭和の時代からまた新たな「起」が始まっているのかもしれない。あるいは「結」はまだなのかもしれない。

歴史的にはいろんな解釈ができるでしょうが、近代以降の日本が安らぎというか、一つの形をつくったなあ、という実感を持っています。自分が人生のかなりの部分を、この平成の時代で生きて来られたことは幸運だったなあ、と。自分なりに充足感を感じています。

半藤　保阪さんから見ると、平成は起承転結で言えば「結」なんですか？「転」ですか？（笑）

保阪　昭和の場合は二つのクライマックスの側面がありますね。一つは明治から続いてきた一つの時代のクライマックス。そのクライマックスを別の形でまたつくっていくという面があった。平成という時代はより鮮明に形をつくっていくという感じがして、「起」の時代に生きた人、「承」の時代に生きた人、いろいろいたわけです。私自身が「転」の時代であった昭和の後半と、「結」の平成の時代を生きたというのであれば、近代以降いろんなことがあったけども、安らぎというか安寧というか、そういうものをつくっていく時代に生きることができたと感じています。

――天皇が時代をつくるのか、時代が天皇をつくるのか。明治から昭和までを見ていくと、時代と天皇に相関関係があるようにも思えます。平成時代は天皇とどのような関係がありますか？

保阪　先ほど半藤さんが言われたことと関係があるんですよ。明治と大正の精神というものは語れると思うけれど、昭和の精神については一つで語れないものを持っている。

でも、平成の精神は一つの言葉で語れると思います。歴史のなかにおける天皇という制度、あるいはシステム、天皇という人の生き方、あり方など。模範的なというのかな、あるべき姿というものを歴史を踏まえながらつくった。

少なくともそういったものを天皇陛下、皇后さま自身がつくった。時代の精神というものを示した。それが渡辺さんがおっしゃった二〇一六年八月のお言葉や二〇一八年の誕生日の記者会見にも出ていると思うんです。

逆に言うと、私たちが問いかけられているともいえます。その問いかけに私たちが答えられるかどうか。つまり、天皇制という制度のもとで、どのような国、社会の形をつくろうとしてきたか。私たちは傍観者ではなく、主観的にこの時代と天皇を考えるべきだと思います。

半藤　終わってみなければ難しいね。平成はどういう時代だったか……。終わって一年か二年たつと、「ああ、平成というのは良い時代だったなあ」と、私自身はたぶんそう思うんじゃないかという気がします。それが平成の精神だと思うんです。今の時点ではまだ分からないところもありますが。

平成が本当に完結して……。完結という言葉はおかしいですけども、平成という時代はこうであったときちんと言えるようなものではなく、そのまま続いていくんじゃないだろうか、という期待というか、可能性というか、むしろそっちの方を強く感じますね。

――平成の時代はどういうものだったか、ある程度時間が経過しないと分からないかもしれませんが、天皇のあり方と平成三十年の時代がつながっているようなところはありますか？

半藤　近代の天皇すべてではなく、昭和天皇という方と比較してみると、現在の天皇陛下は本当に一生懸命に象徴天皇の形をおつくりになった。ある一つの天皇の形をね。これは素晴らしいことであったと思います。ただ、これが今後もつながっていくかとなると、ハテナ？というところもあります。

渡辺　質問にちゃんと答えているかどうか分かりませんが、先ほど言ったことに戻るんですけどね。天皇陛下はこの三十年、ご自分で何をされてきたかということについて、一つの切り口で言うと、国民の幸せを祈ることと、国民の傍らに行って声に耳を傾けて思いに寄り添うということをやってきた、とおっしゃっているんです。これは多分、いつの時代であろうと天皇としてなさることであり、なさろうとしたことです。これは平成であるかどうかとはあまり関係ないのかもしれない。

ところが私たちから見ると、もう一つの切り口がある。戦没者慰霊をされた、災害の被災者にお見舞いをされた。それから、障害者スポーツやハンセン病など、いろいろあります。沖縄のこともある。陛下が心を寄せてこられたことがあって、これが平成という時代の特徴かもしれない。

ある意味ではたまたまそういう時代に遭遇されたという問題であり、別の時代だったら、別のことが起こっていたかもしれないですけどね。けれども、やはり平成という時代はそういうことで語れる時代かな、と思います。

半藤 時代が天皇をつくる、という言葉より今の天皇がこの時代をつくったという方が、私にはしっくりしますね。

――例えばどういう面ですか？

半藤 象徴天皇、憲法で定められている国民統合の象徴としての天皇という言葉がありますけども、私は新憲法ができたとき、当時の中学の四、五年生でした。非常に喜んだんですが、「象徴天皇とは何だい？」と思いましたね。大人もよく分からなかったと思いますよ、日本人は。私たち子供も、もちろん分かりません。

象徴天皇とは何かを分からないまま、けれども憲法は大事にしなければいけない、ということでずっと過ごして来てたんです。その象徴天皇は何かということに対して、今の天皇陛下は、私たちが想像する以上に本気になって考えられて、三十年かかってその形をつくられた。そういう意味では、お父さまの昭和天皇とは随分違うんじゃないかと。

というのは、昭和天皇は結局、お亡くなりになるまで、象徴天皇とは何かということをお分かりになっていなかったんじゃないかと思うんです。今の天皇陛下は少なくとも、国民に見せる自らの姿、活動、および言葉によって象徴天皇とは何かということをきちっと国民に示したと思います。私は今はやっと「ああ、そうか、こういう形が象徴天皇というものなのか」と納得しました。そういう意味で、時代が天皇をつくったんじゃなくて、天皇がこの時代をつくったと言ってもよいのではないかと思っているんですよ。

2　象徴のあり方

——先ほど半藤さんが最後に言われた、昭和と平成の象徴の違いについて、もう少し掘り下げたいと思います。

渡辺 これはちょっと乱暴な、あるいは失礼な言い方かもしれませんが、戦後の昭和天皇がなさった象徴天皇というのは、その前の明治憲法のもとでの統治権の総攬《そうらん》者たる天皇から引き算して残ったものをやっておられたという感じがします。昭和天皇ご自身も、そこは区別がつかないようなところがおありになったのかもしれない。

現在の天皇陛下は最初から「象徴であらねばならない」ということから出発された。そのためには一体どうすればいいのか。それを生涯かけて考え、実践してこられたと思います。

保阪 大日本帝国憲法、いわゆる明治憲法というのは、現実的には昭和五、六年ごろにはもう死滅状態になっていた。

昭和六年の満州事変に始まり、十年代になると、皇統を守る手段として軍が戦争というものを天皇に強要した。その強要の仕方が憲法にのっとっていないので、明治憲法は死んだと言うんです。

分かりやすいのは、昭和十六年四月から十一月までの日米交渉です。その過程で御前会議、大本営政府連絡会議などを開くのですが、軍が皇統を守る手段として戦争を選べ、と天皇に強要している。その強要の仕方が憲法の枠組みを超えた形でなされていると思うんです。

昭和天皇は結果的にその手段を選ぶんですが、そのための悩み、苦しみが三年八カ月の太平洋戦争の間にいろんな形で見える。昭和天皇の苦悩を理解した上で、戦後に象徴となったことをどうとらえていたかを考えるべきではないのか。平成の天皇はその苦悩を見て、理解していた。昭和天皇の悲しさとか苦しさというものが、平成の天皇のバネになっているというのかな。私はそういう理解をするんです。

――現在の天皇陛下についてキーワードを選ぶと、一つは日本国憲法、もう一つは戦後民主主義という意見があります。皇太子夫妻時代からの活動は、この二つに沿ったあり方を求められてきたのかな、とも思えます。

半藤　今の天皇陛下は昭和八年生まれで、私は五年です。同世代といっていい。私たちの世代の人間は、天皇陛下におなりになるまでの皇太子の時代には、失礼ですが「たいした天皇にはならないんじゃないか」と話していたことがあるんですよ（笑）。

皇太子時代の天皇陛下が何を言われたか、なんてことに、それほど注意を払っていなかった。けれども、今になって天皇陛下の三十年間の、本当に献身的に象徴とは何かということを求めてつくり上げていった努力を見ますと、おのずから皇太子時代に目がいくわけです。この五～十年くらいの間に天皇陛下のいろんな活動を見るにつけ「皇太子時代はこの方はどういうことを考えていたのかな」と思って調べてみた。

そうしたら、素晴らしいことを言っていることが分かったんです。だから、これは取って付けたハンダのようなものじゃなくて、象徴天皇とはどうあるべきかをご自分で本気になって考えておられたんだな、と。皇太子時代からですよ。それが改めて分かったんです。

昭和天皇は十三歳ごろから軍人教育を受けているんです。終戦時まで軍人なんですよ。ですから、戦後の新憲法の象徴天皇とは何かということに対するご理解がどうしてもできなかったのではないかと思います。

そういう意味でも昭和天皇は苦しんでおられたと思いますが、それを見ながら、今の天皇陛下はご自分で考えてきたんじゃないでしょうか。それを見事に、天皇陛下になってから実現したという点では、全然違う天皇だと思いますね。

ただ、そのあり方を否定的に見る人たちがかなりいたんですよ。まあ、何と言いますか、その人たちを無視するわけにもいかない。彼らも国民ですから。だけど、反対意見があっても、今の天皇陛下には自分は自分の道を行く、というすごみも感じます。これはもう少し、私たち同世代の人間はご尊敬申し上げなければいけなかった（笑）。

渡辺　即位後の朝見の儀で「皆さんとともに憲法を守る」ということを平明な言葉で言われた。これは一体何を意味しておられたのかということですね。即物的に言えば天皇は憲法を守る義務があるわけですから、そのことを言っただけだと。

お立場上、ご自分の思想を表に出すわけにはいかないけども、今の憲法の根底にある政治思想というのかな。それがご自分に合わないとは思っていらっしゃらない、ということは言えると思うんです。だけど、そこにはある種の幅があって、憲法を守るという意味が、改憲に反対ということかどうかは分からない。戦後民主主義も同じです。戦後民主主義という言葉には一種のニュアンスがあるでしょう？

つまり、保守といわれる側から見た場合に「占領軍から押しつけられた」という。陛下はそういう考えがあることをご存じだとは思います。

どう言えばいいか、天皇の「政治姿勢」などと言ってはいけないけれど、戦後民主主義といわれる考え方に沿ってこられたという見方は、そんなにずれてはいないだろうとは思いますね。ただ、どちらかと言えば、私は陛下としてはわりと淡々と行動しておられるのに、人はいろいろな解釈をするな、という感じがしますね。

保阪 平成の天皇、皇后両陛下のお言葉は政治的解釈をしやすい側面を持っているのは事実です。ともすればそういう解釈の方にばかり行ってしまう。

もちろん私も政治的に解釈したいな、政治的解釈をするとこういうことなんだろうな、と思うこともあります。しかし、それを超えたところで理解していくとすれば、憲法や戦後民主主義体制がつくっている、例えば、主権在民とか、各市民的自由の保障とか、そういうことに対する天皇陛下自身の納得というのかな、理解があるわけだから、今の憲法を守ると言っているだけではなく、それを超えたところにある原則というものを尊ぶというようなことを言っていると解釈しています。

天皇という制度はそういうものだと解釈するのが私たちの役目ではないかと思いますね。私は一時期、確かに政治的解釈をした方が分かりやすいし、そういうことなんだろうな、と思った時もあります。

しかし、それを超えたところで歴史的な役割というものを自らに課しているとすれば、その言葉が言っている本質のところ、それがやはり天皇という制度が存続していくときの条件でもあると言っているんだろうな、というふうに解釈します。昭和天皇はかつては国家の主権者でしたから、象徴になっても言葉に二重性が伴うのは仕方がなかったですね。

今の天皇陛下のお言葉にはその二重性がない代わりに、言葉を大事にしている。八月十五日のお言葉では、節目の時は文言を変えたこともありますが、われわれはその変えた言葉を吟味していく必要があると思いますね。その言葉の意味を、私たちは時代の政治的な枠のなかで考えているだけでは、所詮はその枠のなかの解釈になる。

拙速な政治的解釈というのは問題であるけれども、逆に言えば、私たち自身がそういった文化的含みを持った存在たり得ているのかということでもあるわけです。国民の側も問われている気がします。

3　戦争の歴史に向き合う

――平成の天皇、皇后のあり方が、それ以前の時代と大きく違うことの一つに、国民に向けて発してきた膨大な言葉があると思います。記者会見のほか、各種行事でも長いお言葉があります。

渡辺　記者会見でいうと、記者はなるべく多くのことを聞きたいから、一つの質問のなかにたくさんの論点を詰め込んで聞いてくる（笑）。だから、私たち側近は陛下に「お答えになりたいものだけでいいですから」と言うんだけれど、陛下は一つ一つにすごく誠実に丁寧に答えられる。そして、ちゃんと筋の通ったお答えをされている。皇后さまも同じですが、場合によってはユーモアがあったり、意表を突くようなお答えがある。

――毎回、意表を突かれています（笑）。

渡辺　真面目な意味で私が意表を突かれたのは、二〇一八年の皇后さまのお誕生日の回答です。陛下のご譲位後、心を寄せ続ける問題の例として、拉致被害者のことに触れられ、「平成の時代の終焉《しゅうえん》と共に急に私どもの脳裏から離れてしまうというものではありません」とおっしゃった。私は「災害の被災者」とか「障害者」ではなく「拉致」という言葉が出てきてびっくりしたんです。両陛下がお若いときからずっと気にかけてこられたこの問題とその被害者を忘れることはないという意味で、お二人の生き方の本質に触れる話だと思います。

半藤　私はね、二〇一八年の八月十五日の全国戦没者追悼式で気がついたことがあるんです。冒頭の言葉、「本日、戦没者を追悼し」と言うのはあたりまえのことなんですが、そのあとに「平和を祈念する日にあたり」と言われているんですよ。このとき、「あれっ？　これは全国戦没者追悼式であって、『平和を祈念する日』じゃないんじゃないか」と。

ところが、本当は「戦没者を追悼し平和を祈念する日」なんですね。一九八二年に閣議で決まったんです。でも、いつの間にか戦没者を追悼するだけの日と思い込んでいた。多くの国民もそう思っていたんじゃないですか。でも、陛下は即位して最初の追悼式からずっと

「平和を祈念する日」と言われているんですよ。何度でも同じ言葉を言って国民に伝えたいという思いがよく分かりましてね。実はこれが一番感動した言葉です。

それともう一つ。天皇家はあまり歴史には言及しないものだと私は聞いていたんですよ。歴史解釈の問題に踏み込むことになるから。ところが、陛下は歴史についてきちんと言うんですね。

「この過去の歴史をその後の時代とともに正しく理解しようと努めることは日本人自身にとって、また日本人が世界の人々と交わっていく上にも極めて大切なことと思います」（二〇〇五年の記者会見）というように。国民に何とか分かってほしい、ということだと私は理解しています。

保阪　事実と真実の違いがあると思うんです。「事実」というのは、妙な例えですが、子供の絵日記ですよ。夏休みに朝五時に起きてラジオ体操をしてどうのと書きますよね、あれが「事実」です。「真実」というのは、永井荷風が『断腸亭日乗』で「きょうは特記すべき事無し」と書くようなことです。自分の生活パターンでいつもと同じことを繰り返している。だからそのように書く。これが「真実」です。

天皇陛下が八月十五日のお言葉で繰り返し同じことを語っているのは、真実を語っていることだと思うんです。

――戦争の歴史にどう向き合っていくかは、平成の天皇の大きなテーマでした。

半藤　両陛下はサイパン島、ペリリュー島、フィリピンへ直接慰霊に行かれましたね。日本は平和でなければならないという国民に対する呼び掛けですね。歌会始の歌を平成二年からずっと読んでいると、陛下は平和と災害を繰り返し詠んでいるんです。平成三年の歌会始での歌は「いにしへの人も守り来し日の本の森の栄を共に願はむ」。これは、平和を願っているんです。

最近ではペリリュー島訪問を詠んだ平成二十八年の歌。「戦ひにあまたの人の失せしとふ島緑にて海に横たふ」です。悲惨な戦争を二度と繰り返してはならない、という思いが表れています。

渡辺　天皇陛下が疎開先の奥日光から東京に帰ってこられたときには焼け野原で、出かけていったときの景色とはまったく違っていた。そのことの衝撃を忘れないでおられる。
そこから出発して、忘れてはいけない四つの日（広島・長崎の原爆の日、終戦の日、沖縄戦終結の日）をおっしゃって、戦後五十年には「慰霊の旅」に行かれ、その四つの日の場所を回られた。日本国内で戦争の惨禍の一番大きかった場所です。
それが戦後六十年ではサイパンに行かれた。ここでは日本、アメリカ、現地の人も慰霊された。戦後七十年のパラオのペリリュー島も同じです。戦争を悼む場所も対象も広がってきています。

保阪　陛下は手段としての戦争は選びたくない、選ぶべきではないという信念を持っていると思います。追悼と慰霊というものが私たちに問いかけているもの、それは私たちだけでなくて、国際世界にも問いかけていると思うんです。日本の皇室というのはそういう存在なんだということが理解されるべきだし、私たちは理解されるべく努力すべきでしょう。

――天皇陛下がとりわけ心を寄せているのが沖縄です。

半藤　明治時代の琉球処分も含めて、太平洋戦争では本土決戦のための時間稼ぎで沖縄の人々が悲惨な戦闘に巻き込まれた。戦後は昭和天皇が安全保障上、沖縄に米軍基地を置き続けることをメッセージとして送った。「沖縄外し」とでもいうんですかね。そういうことを考えると、沖縄の人たちに申し訳ないな、と思うだけです。

沖縄戦の海軍司令官の大田実中将が最後に「沖縄県民かく戦えり。県民に対し後世特別のご高配を賜らんことを」と言い残したことを常に頭に浮かべています。陛下もそれをちゃんと知っているんですよ。ですから、本気になって「ご高配」をずっと続けていらっしゃるというわけです。

渡辺　陛下の沖縄との関わりは、一般に思われている以上に深いし、広いと思っています。とかく人は沖縄というと戦争をいいますが、陛下は沖縄の長い歴史と文化の全体を見渡しておられ、文化でいえば古謡集の「おもろさうし」や琉歌、組踊《くみおどり》などまで含まれる。

組踊の国立劇場が沖縄の浦添にあります。二〇〇三年にできました。国立劇場は東京と大阪、そして沖縄にしかありません。陛下は組踊の国立劇場を沖縄につくるべきだということをずっと前から言っておられた。

保阪 沖縄の学童疎開船の対馬丸がアメリカの潜水艦に沈められた事件がありましたね。対馬丸に対する天皇陛下の思い入れが印象にあります。陛下と同世代の児童が犠牲になったということも、歴史を見る上での距離の近さというものがあると感じます。

この距離感というのは、戦争を語るときには大事なことです。私は戦後の昭和二十一年に小学校一年生になりましたので、戦時中の教育は知らないんです。陛下は昭和八年生まれだから、十一〜十三歳の感受性の強い時期に敗戦による社会の転換を経験している。私の年齢での距離感では戦争は傍観者的に語るしかない。陛下の対馬丸への思いは戦争を同世代の感覚で見る重さとして理解しなければならないと思います。同世代が被った戦争の悲惨さを皮膚に染み込ませているんでしょうね。

それから「本土決戦」という言葉を使うとき、「本土決戦がなくてよかったですね」ということを言う人がよくいるんですよ。けれども、沖縄戦も本土決戦ですよね？ それなのに、戦史を研究している人でも「いやあ、日本は本土決戦がなかったからよかった」と無神経なことを言う。

半藤 私もよく言うんですよ。「本土決戦」と言う人に「沖縄だって本土じゃないか」と。

保阪　この国は何でも東京中心の発想ですが、歴史感覚までそうなっているときに、陛下の沖縄への思いは、ある意味で「異議申し立て」という感じもしますね。

4　皇后の存在感

――近代以降の天皇を比較すると、平成が大きく違っているのは皇后の存在感だと思います。

渡辺　明治、大正、昭和と平成が違うというのは、皇后が違うからではなくて、天皇が違うからだと私は思うんです。明治や大正時代の天皇は、現在の天皇が行っている福祉的な分野には関与しておらず、政務や軍事に関与しておられた。福祉的分野は皇后が担当していた。単純に比較できない話なんですね。

しかし、それはともかくとして、この平成という時代において、やはり今の皇后さまの役割はすごく大きかったと思います。ただ、そのあり方について、われわれは「天皇皇后両陛下」と言ってしまうのですが、あれは若干誤解を招くというか、間違いかなと思っているところがあります。

あくまでも天皇陛下ならびに皇后陛下、なんですね。当然のことながら天皇陛下は皇位にある方、皇后さまはその配偶者。皇后さまご自身は「自分はそういう者なんだ」という認識がある。要するに「皇室の大事なことは皇位にある人が決めるのであって、配偶者や家族は別の存在だ」ということをずっと言っておられて、実際にそのように振る舞ってこられた。

それでは皇后さまは何をされているかというと、天皇陛下の一番の理解者であり、いろんな形で陛下を支えてこられた。陛下が何かをお考えになったときに、「これでどうだろう?」と言って、最初に相談されるのは皇后さまだと私は思っています。ただ、それに対して相談されれば、いわば受け身で意見をおっしゃることはあると思うけど、自分から「こうなさるべきだ」というようなことは絶対に言われないと思う。

そのほかに女性の配偶者として、様々な細かい心配りをされている。たとえば、国賓の晩餐会のときにテーブルに飾る花は相手国の国旗の色のものを選んでいますが、これは皇后さまが考えられたことです。ご自分で音楽をなさったり、和歌についても大変な歌人だと思います。児童文学への関わりなど、いろいろな活動をされている。

でも、天皇陛下を支えることがもっとも大きな役割だと考えておられる。その気持ちがよく表れていたのが、二〇一二年二月に陛下が心臓手術をされた翌月に行われた東日本大震災一周年の追悼式でした。皇后さまは和服で出られた。初めてですよ、ああいう公式の場では。なぜ和服かというと、ハイヒールよりも草履の方が安定感があるからです。もし陛下が倒れるようなことがあったら、自分が支えなければならないというお気持ちだったと思います。

保阪　二〇一八年十月の皇后さまの誕生日の際に、私はある新聞社の取材に「皇后さまは歴代の皇后と違って一歩前に出て、新しい皇后像をつくろうとされてきた」というようなことを言ったんです。すると、宮内庁のある人から「保阪さんは誤解している」と言われました。たとえば昭憲皇太后がハンセン病施設などへどれだけ訪問しているかなど、かなりのデータを見せられました。

「歴代の皇后はそれぞれの時代に活躍なさっているんです。その時代の枠のなかで」と説明されて、「あ、そうか」と思いました。各時代の状況と天皇のあり方のなかで皇后の役割が形作られていく。皇后さまのやっておられることのなかで、小さなことに見えるようなことでも、その小さなことに本質があるということを理解しないといけないと思いました。

渡辺　そうだと思います。

半藤　私も渡辺さんがおっしゃったように「天皇皇后両陛下」というよりも、「天皇陛下ならびに皇后陛下」だと思います。そう言われてみて、「あ、そうだな」と。私たちは一緒にして両陛下と言っちゃいますけど、違うんですね。

皇后さまは一九九八年、国際児童図書評議会のニューデリー大会でビデオでの講演をされた。その講演のなかで、古事記、日本書紀に出てくる物語ですが、ヤマトタケルを救うために海に身を投げるオトタチバナヒメの話をされました。私はこの講演の内容を読んだときに、「ああ、そうか。皇后さまは、こういうふうに、皇室がいざ危機のときには自分も身を投げ出せる方なんだ。そういうように心得ている方なんだ」ということを理解しましたね。

天皇陛下と結婚された一九五九年より前のことですが、私は文藝春秋で小泉信三さんの担当だったんですよ。小泉さんのお宅にのべつ通っていたんですが、お二人の結婚のことについては全然気がつかなかった（笑）。

その小泉さんに両陛下のご結婚後にお会いしたときに「美智子さんは君たちマスコミが考えているような『私が、私が』という人ではないんだよ」と話していたことを覚えています。保阪さんの言葉を借りれば「一歩前に出るような方ではまったくないんだよ」というようなことを私に言いましたよ。

当時の私は「小泉さん、そうは言うけど、みんなそういう目で見るじゃないですか」なんて言ったもんですが、そうじゃないんですね、本当に。私たち国民はちょっと誤解していましたよ。本当に、オトタチバナヒメなんですよ。

保阪　大正天皇が亡くなった直後に、昭和天皇が貞明皇后に、これまでと同じように母親に対する礼遇をとろうとしたら、貞明皇后は「きょうからあなたは天皇なのだから違うんですよ」と言ったという話を読んだことがあります。

その日を境に、皇太子は天皇となったわけですから、母である前皇后の上位に立つことになる。母親であるけれども、貞明皇后は息子の天皇よりも身を低くしなければならない。皇室にはそういう厳しさというか、原則的なものがある。そのような伝統のなかに今の天皇陛下と皇后さまの姿があることも理解しなければいけませんね。

5　次の時代へ

――平成の次の世代に積み残された大きな課題があります。皇位継承の問題です。将来、皇室が秋篠宮家の悠仁さま一人になる可能性もあり、危機はいまそこにあるともいえます。

半藤　二〇一九年の歌会始の天皇陛下のお歌をよく見てください。「贈られしひまはりの種は生え揃《そろ》ひ葉を広げゆく初夏の光に」です。ひまわりの種は阪神大震災で犠牲になった女の子にちなんだものだそうですね。そのことを詠まれたと解釈されています。

注目したのは下の句の「葉を広げゆく初夏の光に」です。私はこれを初夏《はつなつ》の光と読むんですよ。そうすると、「は」音が重なって、歌としては音がいいんですよ。しかもね、初夏といえば五月です。何がありますか？　新天皇が即位するときでしょう。

（一同）ああ、そうですねえ。

半藤　これはね、天皇陛下は「皇統は大丈夫だ」と言っていると解釈しているんです。五月に皇位を皇太子に譲るが、そのあとも皇統は葉が広がるよう続いていく、と読むんです。

――それはすごい解釈ですね。そういえば、ひまわりが葉を広げるには五月は早い気がする。なのに初夏としている。

半藤　あえて初夏と入れていると思います。退位を決断した自信と言ったらおかしいかもしれませんが、陛下は皇統の護持のための自分の判断は間違ってなくて、皇統は続いていくんだと。国民は必ず皇統をなんとかしてくれると思っておられるんじゃないですか。

渡辺 なるほどねえ。

半藤 これ、勝手読みなんですけどね。私も昔は歌人でしたから。

保阪 一九八八（昭和六十三）年、生前最後に公表された昭和天皇の歌で「あかげらの叩《たた》く音するあさまだき音たえてさびしうつりしならむ」があります。キツツキが木を叩く音が遠ざかっていくことに、自身の死を予感し、受け入れていくという解釈もあります。歌に何かを託すのですね。

半藤 そうです。歌というのはそういうものですから。

――ただ、物理的にという言い方は変かもしれないが、この先の皇位継承はかなり危うい状況ではあります。陛下のお気持ちとしては、次の世代に何か方策を託すという感じでしょうか。

渡辺 まあ、私はそうだと断言はできないけれども、ある意味でそれに近いのかもしれない。長い年月苦しみ、悩んでこられたことだから。

保阪　天皇陛下が平成という時代空間のなかでつくられたものが継承されていけばいいと思いますね。ただ、それがどういう形になるかは、次の時代の天皇のあり方の問題だから分からないけども。

私は日本の各時代には答案が積まれていると思っているんです。権力と朝廷、あるいは国民と朝廷の関係がどうであったかという答案が。南北朝時代の答案を抜き出すと、天皇が権威と権力の両方を持とうとして大混乱を招いたという意味で高い点数はつけられない。

私は権威と権力が分立した江戸時代はそれなりにいい答案だと思う。昭和十年代を見ると、相当ひどい落第点です。平成の時代の答案は何年かあとに分かるともいえるんですが、かなり良い答案だと私は思っています。天皇の長い歴史を見わたしてみても、こんないい答案はないんじゃないかと思う。それを次の天皇も継いでいってほしいですね。変な答案になってほしくない。

――最後に「人間・明仁天皇、美智子皇后」が日本人の心に残したもの、お二人への思いを聞かせてください。

半藤 平和は大事だということではないですか。これは天皇陛下が繰り返しおっしゃっていることですから。世界に戦争は絶えないけれども、少なくとも日本はそれにくみして再び戦争の惨禍を招くようなことはしてはいけない。このことは日本人の心に響いているんじゃないでしょうか。

渡辺 「三十余年君と過ごししこの御所に夕焼けの空見ゆる窓あり」という皇后さまの深い思いのこもった和歌があります。皇太子夫妻時代に長年暮らした赤坂の東宮御所から皇居の御所に移られるときに詠まれたものです。退位されたあと、その赤坂にまた戻られるわけだから、その思い出の場所でお二人で穏やかにお過ごしいただきたいというのが私のいまの気持ちです。

保阪 八月十五日のお言葉、それから八月八日のビデオメッセージ。三つか四つ、天皇陛下が残した大事なメッセージがあると思うんですが、それをしっかりと心にとどめて、何度も読みたいと思います。天皇という制度、あるいは天皇という人を理解するカギがそこにあると思います。そういう歴史的文書として読み続けたいですね。

〈鼎談出席者・略歴〉

半藤一利（はんどう・かずとし）
「文藝春秋」編集長などを経て、作家に。著書に『日本のいちばん長い日』『ノモンハンの夏』など。一九三〇年（昭和五年）東京都出身。

渡辺允（わたなべ・まこと）
一九五九年に外務省入省。駐ヨルダン大使や儀典長を歴任。九五年に宮内庁式部官長を経て、九六〜二〇〇七年に侍従長。一九三六年（昭和十一年）東京都出身。

保阪正康（ほさか・まさやす）
ノンフィクション作家。著書に『昭和陸軍の研究』『東條英機と天皇の時代』『あの戦争は何だったのか』など。一九三九年（昭和十四年）北海道出身。

ドキュメント　退位への道のり

井上亮

立ちふさがるパラドックス

平成、いや近代以降の皇室最大の「革命」が進行しつつあった。それは二〇一六（平成二十八）年七月十三日午後七時のＮＨＫニュースで明らかにされた。

「天皇陛下が、天皇の位を生前に皇太子さまに譲る『生前退位』の意向を宮内庁の関係者に示されていることがわかりました。数年内の譲位を望まれているということで、天皇陛下自身が広く内外にお気持ちを表わす方向で調整が進められています」

寝耳に水だった。宮内庁を取材していてかすかなにおいすら感じていなかった。近世まで天皇の生前退位は常態であったが、一世一元が確立された明治期以降は終身在位が天皇のあり方の根幹になった。もし退位が可能になれば、天皇のあり方の大変革にもつながる。

皇室典範には生前退位の規定はない。実現するには法改正が必要になる。そのためには行政、立法府を動かさねばならない。しかし、このような形で天皇の意向が先に出てしまうと、天皇に政治的権能がないとしている憲法に抵触することになる。退位は天皇の意向なくして実現不可能だが、その意向を知ってしまっても実現できない。パラドックスである。

何よりも、これまでの政府、宮内庁の見解がある。戦後、国会では何度も天皇の退位が議論されてきた。宮内庁はそのつど、「歴史上、退位した上皇による院政などの弊害」「天皇の自由意思に基づかない退位の強制の恐れ」「恣意的な退位は天皇の地位の安定性を損なう」などの理由で、退位を断固否定してきた。この見解との整合性をどうとるつもりだろうか。

「この話はつぶれるかもしれない」と思いながらも、宮内庁長官ほか数人の同庁幹部の携帯電話を立て続けに鳴らした。まったく応答しない。報道を受けて向こうも大混乱の状態なのだろう。ウラ取りは無理とみて、ある信頼すべき情報源に電話した。

「退位のご意向についてはうかがっている。直接的な言葉ではないが、象徴としてのあり方のお話のなかでそれとなく言われていて、こちらも合点していた。最初に聞いた時期？五、六年前だったかな」

この話から天皇が退位の意向を示していることは事実とみていいと判断した。しかし、憲法上の問題から、NHK報道が「誤報」となる可能性もある。このままあと追いをすべきかどうか。

NHK報道の直後、宮内庁の山本信一郎次長は殺到する記者たちに対し、「そのような事実は一切ない」と完全否定していた。首相官邸も同じスタンスだった。天皇の意向を認めた瞬間、憲法の制約から政府は身動きができなくなり、退位は雲散霧消する。否定を額面どおりには受け取れない。

退位が実現するかどうかは不透明だが、天皇がその意向を示していることは大きなニュースである。日本経済新聞では1面トップ、ブチ抜きの横見出しで大々的に報じることにした。他のメディアも同様で、日本中がひっくり返るような騒ぎとなった。

翌十四日午後、宮内庁で風岡典之長官の定例記者会見が行われた。長官は「陛下が具体的な制度についてお話しになられたという報道については、そういう事実はない」と答える一方、「お務めを行っていくなかで、いろんなお考えをお持ちになるということはありうることだが、陛下のお気持ちについて第三者が推測したり解説したりするのは適切ではない。だからコメントを差し控えたいというのが私の気持ち」と奥歯に物が挟まったような言い方で前日の全否定をやや軌道修正した。

ただ、天皇の退位の意向については明言せず、記者との間で禅問答のようなやりとりが一時間近く続いた。これ以降、宮内庁ＯＢの何人かに意見を聞いたが、退位を支持する人も「ご意向が先で法改正に入ると憲法違反の批判を受ける」との懸念を示していた。

翌十五日、前宮内庁長官の羽毛田信吾氏を訪ねた。たまたま別件でこの日に会う約束があったのだが、話は当然退位問題になった。羽毛田氏は「通常は憲法の制約もあり、陛下のお心の内は出してはいけないが、この問題は例外とみていいのではないか。ご自身の進退に関わることまで何も言ってはならないというのはあまりに非人間的だ」との考えを示した。そして意外なことを聞かされた。

「私が長官を退任するときの記者会見で、陛下のご意向をそれとなくにじませることを言ったのだが、皆さん気がつかなかったね」

驚いて四年前の二〇一二年六月一日に行われた退任会見のメモを調べた。羽毛田氏はおおむね次のように語っていた。

「天皇陛下の象徴としての地位と、その地位に基づくご活動、この二つは一体不離である。つまり活動あってこその象徴天皇であるという固い信念のもとに、日々ひたすらに活動をされている。（略）時の経過とともにお年をめされること、また体力の面でこれまでどおりのご活動はだんだん厳しくなることは避けられない。そうしたとき、たとえば八十五歳というようなときに、いまの象徴天皇としての地位と活動というものをどう考えていくのか。これまでどおり一体不離ということで考えていくとすれば、深刻な問題が出てくるだろうと思う。（略）ブータンのように、ある年齢で退位する制度なら別だが、わが国の場合はいわば終身天皇でいらっしゃる。そのジレンマをどう解決していくか」

退位の意向とのちに公表された天皇のお言葉を頭に入れて読むと「なるほど」と思うが、残念ながらこの時点でそれを察するアンテナを持っていなかった。

憲法に抵触せずに退位の意向をいかに国民に伝えるべきか。どこまで踏み込めば国民に伝わるのか。それに腐心していた羽毛田氏による瀬踏みだったのかもしれない。羽毛田氏はのちに「事前に陛下に『こういうことを申し上げます』と了承を得ていた」と話している。

報道から数日たっても宮内庁幹部の口は固かった。「近くお気持ちを表明」と報じられていたが、「そのようなことはない」と否定を続けていた。憲法違反の批判を避けたいのと同時に官邸との関係も微妙に影響していた。退位に関して水面下で調整が進められていたものの、官邸は退位に消極的な姿勢を示していたからだ。

宮内庁と官邸にすきま風

その後の取材で、天皇陛下が退位の意向を初めて宮内庁幹部に伝えたのは二〇一〇年七月の参与会議の少し前の時期だとわかった。それから六年もの間、なぜ事態は動かなかったのか。翌一一年に東日本大震災、一二年には陛下の心臓手術、民主党から自民党への政権交代などがあり、社会に大きな影響を与える天皇退位を提起する環境ではなかったのは確かだ。

しかし、宮内庁関係者はそれらが要因ではなかったと言う。ある関係者は「二〇一〇年の参与会議のころのもっとも大きな課題は皇太子妃の健康問題だった。退位はまだ喫緊のことではなかった」と言う。別の関係者は「当時はそこまでウエイトのかかった話ではなかった。八十歳になられるころ（二〇一三年）には、というお気持ちはあったかもしれないが」とも述べている。

「退位のような重大事は下手なやり方ではすべて崩壊する。だから慎重だった」と当時の宮内庁幹部は話しており、民主党政権時代は内閣に天皇の意向は伝えられなかった。

二〇一二年ごろに陛下の意向を知った別の幹部は「最初は驚いた。それを実現するためにどうテーブルに乗せるか。聞いた時点では見当もつかなかった。誰が考えても難しいことで、手探りだった」と述懐している。

心臓手術から一年が過ぎ、天皇陛下が八十歳を迎えた二〇一三年は退位に向けて官邸にアプローチしてもよい時期だったが、この時期は宮内庁と自民党・安倍晋三政権との関係がぎくしゃくしていた。

同年四月二十八日に政府主催で行われた「主権回復の日」の式典に天皇、皇后両陛下が出席したが、天皇陛下は当初、出席に難色を示していた。さらに九月、安倍首相も出席して二〇二〇年の東京オリンピック招致を訴える国際オリンピック委員会（ＩＯＣ）総会がアルゼンチンで開かれたが、ここで高円宮妃久子さまがスピーチを行った。これに対し、皇室の政治利用との批判があり、総会前、風岡宮内庁長官は定例会見で「両陛下もご案じではないかと拝察される」と述べていた。両陛下の憂慮を代弁したものだったが、すぐさま菅義偉官房長官が不快感を示した。宮内庁と官邸の間にすきま風が吹いている状況では退位を提起できなかった。

宮内庁が水面下で動き出したのは二〇一五年に入ってからだった。四月、宮内庁幹部、参与らで陛下の退位の意向をにじませた「お言葉」の原案を作成した。公表の場はこの年の十二月、八十二歳を迎える陛下の誕生日記者会見を想定していた。

以下、官邸の動きは日本経済新聞政治部の取材などによるが、宮内庁から天皇の退位の意向が伝えられたのは十月ごろだったという。官邸では杉田和博官房副長官を中心とした数人で協議した結果、「天皇の即位と退位の自由は憲法上認められない」との結論に至っていた。まだ機は熟しておらず、天皇誕生日会見での「お気持ち表明」は見送られることになった。

ちなみに陛下はこの年の誕生日記者会見で「私はこの誕生日で八十二になります。年齢というものを感じることも多くなり、行事の時に間違えることもありました」と述べられたが、ここから退位の意向を読み取る国民はいなかった。

年が明けて二〇一六年、官邸は内閣総務官室に総務省、警察庁などの省庁から法制に明るい課長級を十人ほど集め、既存の「皇室典範改正準備室」を拡充。退位ではなく、摂政や臨時代行制度を拡大して天皇の負担軽減を検討する作業に着手した。

官邸と宮内庁とのやりとりは杉田官房副長官と風岡長官のホットラインで行われた。杉田副長官は「摂政ではダメなのか」と何度か確認を求めたという。風岡長官は、摂政では象徴天皇の役目を果たせないという天皇陛下の考えを説明し続けた。

ただ、官邸側も天皇が高齢で従来どおりの公務を続けることが難しくなっていることを国民に伝える「お気持ち表明」の機会は必要だと考えていた。宮内庁と調整を進めた結果、その時期は同年七月の参院選以降ということになった。

宮内庁では五月から再度お言葉作りを始めた。官邸と調整に入る前のお言葉には「譲位」の文言が入っていたという。ある宮内庁関係者は「そこまで直接的な言及は憲法に抵触するのではという意見もあると思うが、これはご自身の進退の問題でもあり、陛下しか提起できないこと。政治的な影響を与えるものではないという判断もあった」と話す。ただ、官邸側は「文言が強すぎる」として難色を示し、お言葉の修正が進められていった。

参院選挙は七月十日に投開票が行われた。宮内庁は同月末から八月初めを見すえて「退位の意向をにじませたお気持ち」の公表へ動き出した。その矢先のＮＨＫ報道だった。宮内庁幹部には直前に通告があったものの、安倍首相以下官邸はまったく寝耳に水だった。以前の〝遺恨〟もあり、官邸側から「宮内庁が仕組んだ陰謀」説が流布されることになる。

突破口は世論の支持

報道の翌週、ある政界関係者から官邸のスタンスが伝わってきた。

「菅官房長官は退位に後ろ向きだ。これは安倍首相の意向でもある。小泉純一郎内閣のときに皇位継承問題を討議した有識者会議が女系天皇容認の報告書を出した。政府は国会に皇室典範改正の法案を提出する準備をし、小泉首相は政府側答弁者として官房長官だった安倍さんを指名した。女系反対だった安倍さんは自分の考えと百八十度違うことを答弁しなくてはならないと真っ青になった。秋篠宮妃の懐妊で法案が流れたが、今回退位が議論されると女系天皇論議がまた動き出すかもしれない。安倍さんはそれを恐れている。支持層の保守派も退位に反対している」

宮内庁も困惑していた。天皇の意向が明確な形で国民に伝わってしまい、今後、退位に向けた法改正手続きが進んだとしても憲法違反の批判が免れないからだ。その批判が高まれば、退位は頓挫しかねない。報道から二週間近くたっても、宮内庁幹部は表向き退位の意向を認めていなかった。その苦悩ぶりから、ＮＨＫ報道が宮内庁の仕掛けとはとても思えなかった。

幹部らの表情に生気がよみがえったのは七月二十五日だった。この日の日本経済新聞朝刊に掲載された世論調査で「退位を認めるべき」が七七％に上ったからだ。天皇が退位の意向を表明することについても八〇％が「憲法上、問題ない」と回答した。

退位への突破口は世論の支持しかないと考えていた宮内庁首脳は「国民の八割が憲法違反にはならないと考えている。これはすごいことじゃないかな。批判をはねのける理由になるね。国民の大半がそう思っているのに、一部の学者がいろいろ言ってもね」と安堵の表情を見せていた。内々に「両陛下もいたくお喜びだ」と話す幹部もいた。

七月二十九日、ＮＨＫが朝のニュースで天皇のお気持ち表明が八月八日を軸に検討されていると報道する。またもやられる。それも「お言葉はテレビ中継を通じて十分あまり」と詳しすぎる。ある宮内庁幹部は「なぜＮＨＫばかりなのか私にもわからない。何が狙いなんだろう」と逆に聞いてきた。

お気持ち表明は既定路線となっていたが、やはり憲法との兼ね合いが気になった。ある幹部に「天皇が直接言うのは憲法上の批判を受けてまずいと思う。長官が陛下のメッセージを代読する方法をとると思ったのだが」と問うと、「長官が陛下のお気持ちを代弁するというやり方も検討したが、それでは弱い。陛下のお気持ちが国民に伝わらないと判断した。直接おっしゃることでお気持ちが伝わる。退位について直接的な表現を避ければ憲法には抵触しない」という返答だった。

憲法による天皇の活動、発言の抑制論は従来左派が唱えていたものだが、宮内庁幹部は退位に反対する右派が憲法論を持ち出すことを恐れていた。お気持ち表明に対してメディアが違憲論を書き立て、その論拠を与えることが懸念されていた。しかし、これまでのところ、そのような論調はほとんどみられなかった。

憲法問題にひっかかるところがあったが、七月二十二日付けの日本経済新聞朝刊社会面に

「天皇の『人権』議論のとき」という論考を載せた。憲法の基本的人権の「番外地」とされていた天皇だが、象徴の役割を担っているのはまぎれもなく血の通った人間である。平成の天皇、皇后は人間的な姿を見せることで国民の支持を得てきた。非人間的な天皇観は時代遅れであり、退位問題を機に「人間天皇」についても考えるべきではないかと思ったからだ。

退位問題で取材に応じてくれた皇室法制に詳しい元最高裁判事の園部逸夫氏も「これまで基本的に天皇の退位はないと考えてきたが、ご本人が退位したいと言っているのに国民がそれを止めるのは無理がある。天皇だから死ぬまでやれとは言えない。人道主義の問題だ」という意見だった。

八月に入って会った元侍従長の渡辺允氏は人権論について、「象徴天皇制の根本は人間を基盤とした制度。ただ、天皇はたしかに人間ではあるが、特別な地位にあるのだから、人権のあるなしを論じるのは難しいことだと思う。私の見る限り、陛下ご本人は人権がほしいなどとは思っておられないと思う。そういう環境に生まれ育った方だから」と話していた。

天皇自身による象徴の定義

八月八日、いよいよ天皇陛下の「お気持ち」表明の日。前日の午後、御所でビデオの収録が行われた。東日本大震災の際のビデオメッセージを収録したときと同じ応接室。部屋まで付き添って退出しようとした皇后さまに対し、陛下は「大事な事柄だから」と、そばで見守るように促された。長官、侍従長、侍従次長らも室内に控えた。八日午後三時、各テレビ局は一斉に「象徴としてのお務めについてのおことば」を読み上げる天皇陛下の姿を放映した。

冒頭、陛下は「戦後七十年という大きな節目を過ぎ、二年後には、平成三十年を迎えます」と述べられた。この節目の年まで務めを果たすので、退位を考えてほしい。そのように受け取れた。

「本日は、社会の高齢化が進む中、天皇もまた高齢となった場合、どのような在り方が望ましいか、天皇という立場上、現行の皇室制度に具体的に触れることは控えながら、私が個人として、これまでに考えて来たことを話したいと思います」と憲法を意識した慎重な言い回しで続ける。

「即位以来、私は国事行為を行うと共に、日本国憲法下で象徴と位置づけられた天皇の望ましい在り方を、日々模索しつつ過ごして来ました。伝統の継承者として、これを守り続ける責任に深く思いを致し、更に日々新たになる日本と世界の中にあって、日本の皇室が、いかに伝統を現代に生かし、いきいきとして社会に内在し、人々の期待に応えていくかを考えつつ、今日に至っています」

しばらくたってだが、「内在」という言葉が気になった。神学的用語であり、過去に皇后さまがスピーチなどで何度か使っている。勝手な想像だが、お言葉は陛下と皇后さまが相談して作成されたのでは、と思った。

「既に八十を越え、幸いに健康であるとは申せ、次第に進む身体の衰えを考慮する時、これまでのように、全身全霊をもって象徴の務めを果たしていくことが、難しくなるのではないかと案じています」

全身全霊という言葉に驚いた。自らに課せられた職務に真摯に取り組み、限界までやり続けてきたという自負がなければこうは言えない。このあと流行語になり、政治家などが安っぽく使うようになった。

お言葉は天皇陛下が考える象徴の真髄に進む。

「私はこれまで天皇の務めとして、何よりもまず国民の安寧と幸せを祈ることを大切に考えて来ましたが、同時に事にあたっては、時として人々の傍らに立ち、その声に耳を傾け、思いに寄り添うことも大切なことと考えて来ました」

「日本の各地、とりわけ遠隔の地や島々への旅も、私は天皇の象徴的行為として、大切なものと感じて来ました」

あっ、と思う。象徴とは太陽の光を反射する月明かりのような受け身のイメージがあったが、自らも光を発するように活動するものである、と。両陛下の活動を見ればなるほどそうだと思うのだが、これまで誰も具体的に言葉で表してこなかった。天皇自ら象徴とは何かを定義した!

このあと陛下は天皇が高齢化した際、「その象徴としての行為を限りなく縮小していくこと」、つまり公務の削減で対処することは無理であり、摂政を置いても解決にならないという趣旨を述べられた。婉曲な言い方だったが、摂政で対処すべきという論を理詰めで否定していた。

お言葉公表前に官邸とのすり合わせがあり、「譲位」など退位に直結する表現は改められたが、天皇の意思を完全に封じ込めることはできず、お言葉で退位以外の道はなくなったといっていい。

この結果、皇室典範改正が女系天皇論議につながることだけは避けたい首相サイドは「特例法での一代限りの退位」の路線を押し進めていくことになる。ただ、陛下はお言葉の最後に「象徴天皇の務めが常に途切れることなく、安定的に続いていくことをひとえに念じ」と述べられた。これは平成の象徴のあり方が恒久的に続いていくこと、つまり退位の制度も一代だけではなく典範を改正して恒久的にしてほしい、とも読める。

お言葉公表から半年ほどたって、政府の有識者会議で「恒久制度化」と「一代限り」が議論になっていたところ、「典範改正を避けたい官邸がよくこの表現を残しましたね」と宮内庁幹部に聞いてみた。幹部は「お言葉を練っている時点では典範改正か、一代限りの特例法か、という議論はなかった。いまだったら違う反応だったかもしれない」と話していた。

十一分のお言葉放映終了後、すぐさま三時十五分から風岡長官が記者会見でお言葉の解説を行った。会見では「社会の高齢化について」「天皇陛下の近年の御手術・御不例の状況」

「天皇皇后両陛下のお務め」「天皇皇后両陛下のお務めの日数について」「天皇皇后両陛下の島しょ部御訪問の状況」「天皇皇后両陛下の全国御訪問の状況」「これまでの御公務の見直し」といった大量の資料が配られた。退位は必然とする天皇陛下の象徴論を補強するため、宮内庁も必死だった。

翌九日の新聞各紙は退位の意向が判明したときと同様、1面ほか数ページを埋め尽くした大々的報道となった。あとで知ったことだが、「世紀のお言葉」の裏でたいへんな事態が起きていた。入院中で百歳になる三笠宮崇仁親王が呼吸不全になり、一時危ない状態になっていたのだ。その後持ち直したのだが、ある宮内庁幹部は「翌日の朝刊1面は三分の二が天皇陛下、残り三分の一が三笠宮殿下になるなあ、と考えていたよ」と話していた。三笠宮さまは十月末に亡くなるが、その後、終戦間もないころ枢密院に提出した意見書の存在が明らかになった。意見書は天皇も人間であることを訴えており、平成で実践された「活動する天皇」を予見し、支持していたことが話題になった。

十日は宮内庁長官の定例会見だった。お言葉直後の会見では憲法問題について突っ込み不足だったため、ここでどうしても言っておかねばならないと思った。

「すっきりしないところがある。例えればオフサイドなのに、プレーしている人も観客も審判もオフサイドじゃないと言い張っているような気がする」

風岡長官は「憲法上の立場を十分念頭において公にするということで進めてきた。お立場に注意しながら、何か具体的な制度についての評価をするだとか、こういうことを求めるだとかということは避けてお気持ちは述べられている」と返答した。

私は「お言葉には共感するところも多い。しかし、お言葉をあまり吟味せずに退位賛成一辺倒になる国民の反応はちょっと怖い。天皇の力はいざというときにものすごい力を発揮するものなのだと思う。だからこそ、伝家の宝刀を抜くのは慎重には慎重を期さないといけないと改めて思った」と意見しておいた。

お言葉の前後に各メディアが行った世論調査では退位容認が九割に上っていた。この数字は本当にお言葉の内容を理解した結果なのか。天皇の言うことに無条件に従う熱狂に近いものだったとしたら、民主主義に適合した平成の良き象徴天皇のあり方から逆行したものになってしまう。国民を同じ方向に動かす天皇の力が権力によって利用されることへの警戒を怠ってはならない。われわれはストッパーを持ち得ているだろうか、という思いがあった。

この会見では風岡長官から次のような発言もあった。

「この記事については宮内庁としては、秋篠宮殿下のお立場やお考えからこのようなことはありませんと申し上げたい。確認したところ、記事中のA氏の発言として述べられているが、私どもとしてその者に確認したところ、自分が秋篠宮殿下とＮＨＫ記者の間を媒介したことはない、とのことでした」

先ごろの週刊誌報道の否定だが、Ａ氏というのは各宮家を管轄する部署のトップ、西ケ廣渉宮務主管のことだ。退位の意向を報じたＮＨＫの情報源は秋篠宮さまであり、それを仲介したのが西ケ廣氏だという。実は七月のＮＨＫ報道直後から官邸サイドで噂されていた話だが、宮内庁を取材している記者からすればありえない話である。だが、十月に西ケ廣氏が退任したことで、これを更迭とみて、〝陰謀論〟がさかんに報じられることになる。実際はＮＨＫ報道以前にこの人事は検討されていたという。

お言葉のあと宮内庁が懸念した違憲論は左派の一部の学者をのぞいてほとんどメディアに登場しなかった。退位反対の右派は左派と同様の憲法論を持ち出しにくいのか（そもそも右派の多くは現行憲法を否定している）、明治から続いている終身制の「国体」を守れ、といった古色蒼然とした論理しか提示できていなかった。

お言葉で政権が模索していた摂政案は吹っ飛び、次の焦点は退位を恒久的制度とする皇室典範改正か、今上天皇一代限りの特例法か、に移った。

世論調査では退位を恒久的な制度とすべきとの回答が八割に達していた。天皇陛下は「自分が高齢になったのでやめたい」と言っているのではなく、平成の活動する象徴天皇のあり方と終身制は相容れないとしているのだから、この結果は当然だった。

しかし、恒久制度化するためには典範改正が必要で、それが女系天皇・女性宮家論議に発展するのを回避したい安倍政権にとって、選択肢は特例法しかなかった。八月中旬から九月初めにかけて、「特例法を軸に検討」という政府方針が報じられた。

宮内庁も特例法でかまわないという姿勢だった。議論が女系天皇まで及んで事態が混迷し、かえって反対勢力に利用されて退位が先延ばしされることを恐れていた。それよりも当面は特例法で決着する方が得策と考えていた。

「特例法でも退位を認めた実績を残せば、将来の恒久的な制度化につながる」と言う幹部もいた。これはのちに有識者会議や政府答弁でも使われた理屈だった。

九月八日、安倍首相は訪問中のラオスで「お言葉を重く受け止めて」、有識者会議などで専門家の意見を聞いて退位を検討していきたいと述べた。女系天皇・女性宮家よりも退位を優先するとして、これらの議論には立ち入らない意向も示した。

また、首相は「様々な方々の意見をうかがい、静かに議論を進めていきたい」とも言った。この「静かに議論」は女系天皇などへ議論を拡散させないための予防線だったが、以後政権関係者から連発される言葉となる。それは「天皇について侃々諤々《かんかんがくがく》の論議は不謹慎」という意味になり、政府方針への異論封じに使われる。

「一代限り」へ導く人選？

九月二十三日、政府は退位を検討する有識者会議のメンバーを発表した。十月中旬から開かれる会議の名称は「天皇の公務の負担軽減等に関する有識者会議」とされた。

退位の文字が入っていないことから「退位に反対し、摂政に誘導したい安倍政権の意向が反映している」と解釈する人もいたが、「退位に関する有識者会議」などという名を付けたら、天皇のお言葉と直結したものとなってしまい、憲法違反の批判は免れない。それにこの時点で政府の方針は特例法での一代限りの退位で固まっていた。表題の「等」が重要で、ここに退位の方策を検討する本題を潜ませている。官僚がよく使うテクニックだ。

同日の閣議では二十六日付けで宮内庁の風岡典之長官の退任、山本信一郎次長の長官への昇格を決定した。次長の後任は西村泰彦内閣危機管理監となった。

この人事が西ケ廣宮務主管と同様のあらぬ憶測を呼ぶことになる。天皇陛下の意向を知ったあとも官邸は摂政で収めようとしていたところ、NHK報道をきっかけに世論の大半が退位容認となり、それに従わざるを得なくなった。メンツをつぶされた官邸は、もともと関係がよくなかった風岡長官以下宮内庁が報道を仕掛けたと疑った。それゆえ意趣返しとして任期途中で長官の首を切った——。

政治サイドで流布した話で、その後も長く各方面で「事実」と信じられたが、宮内庁での受けとめはまったく違う。

宮内庁では長官、侍従長は七十歳を機に勇退する不文律がある。風岡氏は九月十五日で七十歳になっていた。九月初めには「有識者会議の道筋ができれば辞めるだろう」との観測があった。通例では長官交代は六月ごろだが、「お気持ち」表明を控えてさすがにこの時期は避け、むしろ任期を延ばしたとみられていた。

ある宮内庁幹部はのちに「長官は切りのいいところで辞めた。自分の意思だ。すっきりした顔をしていたよ。もしあのまま続けていたら、辞める時期は二〇一七年三月になっていた。有識者会議が結論を出して、それをもとに通常国会で審議がされるとしたら、その真っ只中に辞めることになる。それでは都合が悪いので、お言葉の表明も終わり、ボールが官邸に投げられた時点で身を引くのが一番よいということになった」と語っている。

むしろ風岡氏の方から八月のお言葉後、「ひとつの区切りがついたので」と両陛下に許しを願った上で、官邸に辞意が伝えられていた。風岡氏の前々任の湯浅利夫氏は六十九歳で辞めている。前任の羽毛田氏も七十歳を過ぎてすぐの退任だった。後任の山本氏は就任時六十六歳。歴代の長官は最短でも四年は務めているので、不文律からすればぎりぎりのタイミングだった。

次長に就任した西村氏についても憶測が付いて回った。「コントロールの利かない宮内庁へのグリップを強めるため官邸が送り込んだ監視役」などと言われた。しかし、就任後の西村氏に官邸の意を汲んだような行動、言動は一切見られなかった。西村氏は「官僚はその時に仕えたボスに忠誠を尽くす。今の私のボスは両陛下ですよ」と笑って話していた。

有識者会議だが、メンバーは六人。今井敬経団連名誉会長、小幡純子上智大法科大学院教授、清家篤慶応義塾塾長、御厨貴東大名誉教授、宮崎緑千葉商科大教授、山内昌之東大名誉教授となった。皇室に詳しいといえるのは御厨氏のみで「専門家がいない」との批判もあったが、なまじ専門家を入れると自説から離れた結論に同意できず、会議がまとまらない可能性が高い。専門的見解はヒアリングで取り込めばよい。

問題は政府が方針を固めている「一代限りの特例法」へ導く人選ではないかとみられたことだ。大半が安倍首相と近い識者で、安倍政権寄りといわれる新聞さえ「にじむ安倍色」と書いた。

九月三十日、衆院予算委員会で横畠裕介内閣法制局長官が「一般論」と断りながらも、退位は特例法で可能という政府方針に沿った見解を示した。一方、野党の民進党は皇室典範を改正すべきというスタンスだった。野田佳彦幹事長は首相時代に女性宮家に関する有識者ヒアリングを実施しており、官邸は議論が広がることを警戒した。

十月十七日、有識者会議の初会合が官邸で開かれた。座長に今井氏、座長代理に御厨氏が選任される。今井氏は会議に重みをもたせる名誉職的な役割で、実質的に会議を差配するのは御厨氏だった。

会合では「憲法における天皇の役割」「高齢となった天皇の負担軽減策」「生前退位の制度化」など八つの検討項目について憲法、皇室に詳しい専門家からヒアリングを実施することが確認された。

会議の決着点は政府方針の「一代限りの特例法」だったが、退位のみで検討を始めると天皇のお言葉を受けた形となり、憲法に抵触する。負担軽減を検討するのは〝芝居〟ではあるが、こういう建前は重要だ。建前は天皇を政治利用させないための心理的障壁でもある。

十月十九日、菅官房長官は衆院内閣委員会で、有識者会議の提言を踏まえて法案を翌年の通常国会に提出したいと述べた。有識者会議はスタートしたばかりだが、ゴール地点が具体的に見えてきた。

翌二十日は皇后さまの八十二歳の誕生日。皇后さまは文書回答で、「生前退位」という言葉を新聞で見て、「こうした表現に一度も接したことがなかった」ことから衝撃を受けたと述べられた。

生前退位は天皇の死で代替わりする終身制と対比するための用語で、憲法学の論文や国会での論議で使われており、けっして唐突に登場した言葉ではない。ただ、一般になじみがないのは確かで、報道各社は徐々に「退位」の表現に切り替えていく。宮内庁内では「譲位」が使われていたが、これでは天皇の意思で皇位を譲り渡す意味になり、憲法上、公には使用できない言葉だった。

十月三十一日、日本経済新聞朝刊に掲載された世論調査では、皇室典範を改正して今後すべての天皇に退位を認めるべきとの回答が六一％、一代限りの特例法でよいとする答えは二三％だった。世論は政府方針と逆だった。国民を納得させるため有識者会議での専門家ヒアリングは重要だった。

想定外の反対優勢

ヒアリングは識者十六人を招き、十一月七日、十四日、三十日の三回に分けて行われた。初回では退位賛成が三人、反対が二人。賛成意見でも典範改正と特例法で意見が割れた。

ここで注目されたのが保守の論客、平川祐弘東大名誉教授の「天皇は続くことと祈ることに意味がある」「ご自分で定義され、拡大された天皇の役割を果たせないことを絶対的条件にして退位というのはおかしい」と、天皇陛下がお言葉で示した活動する象徴像を真っ向否定する意見だった。

保守といえば天皇を崇拝し、その言には無条件に従うと思っていた一般国民は驚いた。ただ、「保守」は非常に幅広く、あいまいな定義だ。そのなかには日本国憲法に根差した戦後民主主義を否定的に見て、明治憲法体制とそのもとでの天皇のあり方を理想視する人々もいる。彼らから見れば、平成の象徴天皇のあり方は理想と対極に映っていた。

同じヒアリングで退位反対論を述べた大原康男国学院大名誉教授も「公務＝活動だけが象徴を担保するものではない」と、表現は婉曲ながらも平川氏同様に平成のあり方には否定的だった。天皇は祈ること、存在することが本質とするなら、退位ではなく公務の削減か摂政という結論になる。

宮内庁は保守派からこのような意見が出るのを見越して、「反論」を用意していた。同日午後の定例会見で西村次長は国事行為の認証官任命式などのデータを示し「大幅な公務の削減は困難」と述べた。

十一月十四日の二回目のヒアリングでも渡部昇一上智大名誉教授が「祈る天皇」論で退位を否定した。平川、渡部氏は安倍首相がヒアリングの識者として強く推したといわれている。同日、やはり退位に否定的意見を述べたジャーナリストの櫻井よしこ氏も首相に近い人物だった。ヒアリング識者選定も安倍色がにじみ出ており、ある意味、退位に反対する保守派のガス抜きでもあった。

ただ、想定外だったのは、これら保守派以外の識者にも反対意見が出て、この日は四対二で退位反対が優勢となったことだった。宮内庁幹部は「あんなに反対論が出るとは思わなかった」と驚いていた。そして、一代限りの特例法を落としどころと考えている官邸としても困った事態だった。

この日のヒアリングでは皇室記者として長年取材を続けてきたジャーナリストの岩井克己氏が「終身制は残酷な制度」であり、高齢化時代に退位は理にかなっているとの意見を表明した。対極の「祈っていればいい」という見解は「公務＝活動よりも祈り＝祭祀は体力を使わず高齢になっても可能」という誤解があるように思えた。宮内庁幹部は「宮中祭祀は重労働だ。新嘗祭《にいなめさい》のように寒いなか長時間正座しなければならないものもある。祈るだけなら楽だろうというのは祭祀の実態を知らない意見だ」と話していた。そして、摂政が置かれる事態になれば、天皇は祭祀もできなくなっているだろう。岩井氏以外の識者は天皇の公務をじかに見た人はおらず、現場感覚を欠いていた。

十一月三十日、最終三回目の専門家ヒアリングが行われた。招かれたのは憲法学者を中心とした五人。八木秀次麗沢大教授以外の四人が退位に賛成し、これで意見を聞いた十六人中、退位容認が九人、反対が七人となった。

意外だったのは当初は退位に反対していた百地章国士舘大大学院客員教授が「高齢化社会に対処するため例外的に譲位を認めてもいい」と表明したことだった。もし、百地氏が反対していたら賛否同数となり、有識者会議は混迷したことだろう。会議が長引き、女系天皇論議に飛び火することを避けたい官邸にとっては胸をなで下ろす結果だった。

百地氏はさらに注目すべき意見を付け加えていた。退位は特別立法で対処できるという根拠規定を皇室典範の付則に明記すべきという案だ。これはのちに典範改正、特例法で議論が混迷しかけた際の最終的な落としどころとなる。政府の意向を推察したかのような提案だった。

ヒアリングについては人選に批判があった。まず、皇室制度、憲法の専門家に意見を聞くとされていたが、なかには専門家の範囲に入るのか首をかしげるような人も含まれていた。また、女性が一人だけだったことも時代に逆行しているとの印象を与えた。

人選が高齢の専門家に偏っていたことも不可解だった。中世や明治期の天皇のあり方にこだわり、もっとも肝心な戦後の象徴天皇制への理解に乏しい人がいた。中堅、若手の象徴天皇制研究者は古川隆久日本大学教授だけだった。ある研究者は次のように言っている。

「象徴天皇制の研究が本格化したのは平成以降。それ以前の研究は昭和天皇の戦争責任がメーンで、そこからどのように象徴天皇制に向かったかという観点からのものだった。象徴天皇制の研究は近現代史の研究のなかでも緒に就いたばかりだ。今上天皇の象徴制が研究対象になったのは平成十年代。研究者はみな四十代前後の若手だ」

後日、有識者会議関係者にこの点を問いただしたところ、「あえて呼ばなかった。正論を言われると反論できないから。官邸の意に沿った特例法に持って行けなくなる」と話していた。

十二月十四日に開かれた七回目の有識者会議は「退位は容認するが、恒久制度化は困難。

現在の天皇陛下限り」で大筋一致した。ただ、今上天皇限りとすることは、どうしても八月のお言葉が直結したとみられ、憲法上は危うい橋を渡ることになる。象徴天皇のあるべき姿と退位は不可分であり、それゆえ制度は恒久的なものにすべきという方が論理的にはすっきりする。

「有識者会議はそもそも政府の方針通りに誘導していくのが役目で、結果ありきで仕方ない。特例法でいいんじゃないの」と冷めた目で見る宮内庁幹部もいた。

ただ、野党・民進党は二十一日、特例法は違憲の疑いがあり、皇室典範改正で退位を恒久制度化すべきとする論点整理をまとめた。政府方針と真っ向対立する見解だった。

この前日の二十日、天皇陛下は誕生日を控えて記者会見を行っていた。この会見の前に官邸サイドが戦々恐々としているとの話が伝わってきた。八月のお言葉と違い、誕生日会見の回答まで官邸は介入できない。天皇陛下が退位の恒久制度を望んでいるという友人の話も報道されており、陛下に政府方針と違ったことを言われたら有識者会議で積み重ねた議論が頓挫してしまう。

会見で陛下は八月のお言葉について「ここ数年考えてきたことを内閣とも相談しながら表

明しました」と述べられただけだった。憲法順守を旨としている陛下が公然と政府方針に異を唱えるわけがなかった。

衆参両院正副議長の前さばき

年が明けた二〇一七年一月中旬、政府が二〇一九年元日に皇太子さまが即位し、同日から新元号とすることを検討しているという報道が一斉に流れた。

この報道に宮内庁は危機感をもった。一般には切りのいい元日改元が国民生活にも影響が少なく合理的と考えられていたが、同庁は元日を含め正月は皇室行事が目白押しで、とても代替わり儀式が入りこむ余地がないとみていた。

元日案が既成事実化する前に宮内庁は動いた。西村次長は一月十七日の記者会見で「元日即位は困難」と表明した。政府方針の否定である。この状況に、ある宮内庁ＯＢは「官邸と宮内庁との関係がうまくいっていないのだろうか。こういうことは常識的には官邸と宮内庁がすり合わせているはず。官邸が宮内庁と相談せずにどんどん決めているのではないか」と憂慮していた。

前日の十六日、衆参両院の正副議長が通常国会で退位法案成立を図る方針で一致。特例法、皇室典範改正で与野党の意見が対立するなか、大島理森衆院議長の調整が始まる。

政府の有識者会議は前年十二月に特例法での退位を提言する動きを見せていた。これに対し大島議長は「国会は有識者会議の下請けではない」と反応し、立法府の存在感を示した。十九日、両院正副議長は各党の代表者と協議し、退位法案整備のあり方について、三月中旬をめどに各党の意見をとりまとめる方針を固めた。ここでも「静かな環境」での議論が合意されたが、強調しすぎると活発な議論を抑え込む空気になりかねなかった。

これを受け一月二十三日に九回目の有識者会議が開かれ、論点整理をまとめて公表した。一代限りの特例法を強く推すことは固まっていたが、建前上、まず現状のまま、もしくは摂政設置要件の拡大での天皇の負担軽減策とその課題が述べられた。

そのあとに退位を容認した場合の課題（デメリット）として、反対派から提起されていた「強制、恣意的退位の問題」「象徴の権威と二重性」「自由意思による退位は即位しない自由も認めることになる」などを挙げた。このうち、実際的に懸念があるのは権威の二重性だけだった。

そして本題である「恒久制度化か、一代限りか」について、それぞれのメリット、デメリットを列挙した。恒久制度に関しては「退位要件は時代状況により判断すべきで、年齢などで一律に決められない」などとして、二十三の課題を示した。一方で一代限りの場合の課題は「今後も天皇の高齢化は必然的な問題になるので制度化が必要ではないか」などわずか三つだった。有識者会議は事実上ここで役割を終えた。首相は翌二十四日、衆参の正副議長に論点整理を提示した。

会議の内情をよく知る関係者は「常識的に考えれば皇室典範改正が筋だと思う。逆のことをやっていると言われるかもしれないが、ああしないとまとまらない。首相が典範改正は認めないと決めている。首相が主導する有識者会議だからね。もう一つは右派からの圧力。安倍さんの方針通り進んでいるから右派はおとなしくしている。これが逆の方向に進んだら、間違いなく攻撃が来る」と語っていた。

一月二十六日、衆院予算委員会で有識者会議の論点整理などについて質疑が行われたが、民進党の細野豪志議員は「総理、象徴天皇というのはどういう役割を果たしているのか、どうお考えか」と安倍首相の根本的な「思想」を問うた。しかし、首相は自身の考えを明確に述べなかった。

これついてある宮内庁幹部は「がっかりした。首相なら簡単でもいいから象徴とはこういうものと考える、と述べてほしかった」と話していた。

このころ各メディアが実施した世論調査ではおかしな結果が出ていた。天皇の退位について、恒久法か一代限りの特例法か、の問いに対してはおおよそ六対三で恒久法支持が多かった。ところが、政府の特例法方針について聞くと、逆転して六割超がこれを支持していた。

恒久制度が理にかなっていると思いながらも、議論が長引いて退位が難しくなるよりは、特例法で早く実現する方がよいと考えている人が多いことを示していた。政府の思惑通りだった。

二月に入って与党・自公両党は一代限りの特例法で立法措置をとることで一致。逆に野党・民進党では皇室典範改正で恒久制度化すべきとの意見が大勢を占めた。与野党の溝は深く、法案が国会審議に入れば紛糾する可能性も出てきた。

二月二十日、衆参両院の正副議長は各党からの意見聴取を行った。このままでは与野党の合意が難しいと見た大島衆院議長は、皇室典範の付則に特例法の根拠規定を置く案で調整を進める方針を固めた。典範改正にこだわる民進党の「顔を立てる」意味がある。有識者会議のヒアリングで百地章氏が提起した案で、落としどころとして前々から考えられていたとみられる。ただ、法理論としては無理筋の感は否めず、いかにも政治的な落着点だった。

三月二日、衆参両院正副議長は衆院議長公邸に各党・各会派の代表者を呼んで全体会議を開いた。ここで民進党が主張する女性宮家の創設など皇位継承の安定性の問題の検討について、退位の法整備のあとに議論が必要との認識で一致した。もう一つの民進党懐柔策だった。

ただ、二日間の全体会議では与野党合意はならなかった。潮目を変えそうだったのは共産党が特例法に柔軟姿勢を示したことだった。八日、三回目の全体会議では民進党の野田幹事長が条件付きで特例法を容認する姿勢を示した。

そして十三日、正副議長は各党代表者と個別に会談し、「退位特例法は皇室典範と一体をなす」と明記すること、今回の退位が将来の先例となることなどで民進党の合意を取り付けた。特例法成立を急ぎたい自民党が譲歩した結果だった。これで通常国会での法案提出の見通しが立った。ただ、正副議長の前さばきで結論が出たため、国会での議論は空洞化することになる。

今回だけだが次回もOKという言語矛盾の結論だが、宮内庁幹部は「大島議長はよくやってくれた。典範改正が筋だが、いまの段階では特例法やむなしだ。先例とする譲歩も得た」と評価していた。ある同庁OBは「安倍政権だからここまできた面もある。右派がおとなしくしている。リベラルな政権だったら、右派から退位反対の大合唱だっただろう。ただ、政党間の議論はズレているね。象徴天皇はどうあるべきかという本質の議論が深まっていない」とも話していた。

「将来の先例になり得る」

三月十七日、衆参両院正副議長は安倍首相に退位特例法制定を促す国会提言を手渡した。皇位継承は皇室典範が定めるとしている憲法2条に反するとの批判を避けるため、典範付則に「特例法は典範と一体をなす」との文言を入れることを求めた。しかし、今上天皇限りとすると、天皇の意思とお言葉が法改正に直結した印象は免れず、別の意味での憲法上の疑義が生まれる。その実態は見て見ぬふりとなった。

退位特例法へ向けた議論は事実上ここで終わった。あとは粛々と手続きを進めるだけだった。四月二十一日、政府の有識者会議は安倍首相に最終報告書を提出した。ここで「退位後の天皇、皇后の呼称は上皇、上皇后」「退位後の費用は内廷費（天皇、皇族の日常経費）」「象徴としての行為はすべて新天皇に譲る」などが提起された。

ポイントは皇族減少への対応は「先延ばしにできない課題であり、速やかな検討が必要」としたことだった。退位問題とあわせて皇位継承問題、すなわち女系天皇・女性宮家の議論も行うことを主張していた民進党への配慮だった。特例法容認のバーターとして、この一節が法案成立とともに国会付帯決議となる。

報道向けに今井座長が分厚い書類を安倍首相に手渡す場面が演出されたのだが、最終報告書の本文はA４判で二十ページ。指でつまめるほどだが、これでは格好がつかないと思ったのか、これまでの会議で配布されている参考資料を再度添付していた。政治の場ですべてが決着したあとの儀式であった。

五月一日に共同通信が報じた世論調査では、退位は恒久制度とすべきとの回答が六八％、特例法は二五％だった。女性天皇に賛成意見は八六％。女系天皇容認は五九％、女性宮家には六二%が賛成しており、政府が進める方向と国民の意識にはまだ隔たりがあった。

五月十九日、退位特例法案が閣議決定、同日国会に提出された。法案の1条では被災地見舞いなど、天皇陛下のこれまでの活動に触れ、「今後これらの御活動を天皇として自ら続けられることが困難となることを深く案じておられる」として、「国民は、御高齢に至るまでこれらの御活動に精励されている天皇陛下を深く敬愛し、この天皇陛下のお気持ちを理解し、これに共感している」と続いている。

ある識者は「これは法律の条文といえるだろうか」と疑問を呈していた。天皇が退位を発意した時点で法制化できなくなるパラドックスを乗り越えるためには、理屈は通らなくても「国民は薄々察していました」で押し通すしかなかった。

五月二十一日、ある新聞に問題のある記事が掲載される。有識者会議のヒアリングで保守派が平成の象徴のあり方に否定的な意見を述べたことに天皇陛下がショックを受けたことと、陛下は退位の恒久制度化を望んでいることを報じた。

これまで陛下の友人がメディアの取材に対して同趣旨の内容を話していたし、日本経済新聞の取材でもそのような陛下の意向はわかっていた。しかし、それを表に出してしまうと、天皇の意向、言葉を錦の御旗に相手を撃つことになる。憲法上も問題だ。政府方針を批判する意図があったのだとしたら、用いてはならない禁じ手だった。

五月下旬、民進党は特例法案の付帯決議に女性宮家創設を検討することを盛り込むよう自民党に要求。同党内ではかなり抵抗があったが、譲歩して明記されることになった。これで法案成立への道はならされた。ただ、皇位継承問題の検討は「退位特例法施行後速やかに」とされているだけで具体的な時期は明言されなかった。

ある宮内庁OBは「法施行後速やかにと言っているが、それでは遅すぎる。いますぐにでも議論を始めなければならないが、安倍政権はやらないだろう」と批判した。

六月一日、国会で退位特例法案が審議入りした。大島衆院議長らの前さばきで決着し、国会論議は儀式といってもよかった。衆院議院運営委員会で答弁に立った菅官房長官は今回一代限りの退位が「将来の先例になり得る」と明言した。野党への配慮と恒久制度を望む声が多い世論を意識したものだったのかもしれない。

国会での審議は予定調和的に進み、法案は二日に衆院を通過し七日から参院での審議に入った。参院特別委員会で菅官房長官は皇位継承について「男系男子はしっかり引き継いでいきたい」と答えた。こちらは自民党と男系継承を主張する保守層への気配りか。

六月九日、退位特例法は参院本会議で全会一致によって可決、成立した。まさしく「静かな環境」での国会審議だった。与野党妥協の産物として、皇室典範の付則に「特例法は典範と一体」との規定が加わり、衆参両院で皇位の安定継承のための女性宮家創設などを法施行後速やかに検討するよう求める付帯決議も採択された。

退席して裁決に加わらなかった自由党の小沢一郎共同代表は「我々は当初から皇室典範の改正を主張してきた。付帯決議案に『女性宮家』との文言が入ったが、何の法的効果も持たない」と語った。筋論ではあったが、議論を続けていたらこのような早期成立は無理だっただろう。

退位日となる特例法施行日は公布日から三年を超えない範囲で政令で定める、とされた。同法は六月十六日に公布される。

江戸時代の光格天皇以来約二百年ぶり、近代以降初の天皇退位が実現することになった。一年前までは夢想もしなかったことだった。明仁天皇の全身全霊の活動の積み重ねとそれに共感する国民の支持がなければなしえなかった、現代天皇制における「革命」といっても過言ではないだろう。

次の焦点は退位の日である。それは平成が終わる日でもあった。「政令で定める」とされているため、内閣の専権事項である。この退位日決定をめぐって、官邸と宮内庁がせめぎ合うことになる。

法案成立後、それまでもさかんに報道されていた「二〇一八年末退位、一九年元日即位・改元」に加え、「一九年三月末退位、四月一日即位」の二軸で検討されているとの報道が出始める。

先述したように、宮内庁は元日の即位は避けたい意向で、年度末の三月末退位、年度初め四月一日即位を希望していた。六月下旬、ある宮内庁幹部は「退位日は皇室会議の意見を聞いて決めることになっているが、それまでに水面下で決めるだろう。いま官邸がどう考えているかわからない。年末年始はせわしないからね。寒い時期だし、陛下のお体のこともある。やはり生気みなぎる四月即位がいいよ」と話していた。

七月に入り、ある新聞の世論調査で元日改元を望む意見が七〇%に上った。この結果に宮内庁幹部は「困ったなあ。官邸には年末年始は大変で、年度末がいいというこちらの意向は伝えてある。官邸はまだ意思決定していないと思う」と言っていたが、官邸は年末年始の代替わりを志向していた。

十月下旬になると、各メディアは「二〇一九年三月末退位が有力」と報道した。官邸は宮内庁の意向を尊重せざるを得なくなったという内容だった。これに対し「官邸は宮内庁が意図的なリークをしていると怒っている」との話が政府関係者から漏れてきた。これらの報道は政治部発なので宮内庁を疑っているとしたらお門違いなのだが。やがて官邸は皇室会議の日程さえ宮内庁に相談しなくなる。

十一月二十一日、安倍首相が天皇陛下に内奏するのに合わせて、NHKが「皇室会議は十二月一日開催」に加え、「二〇一九年四月三十日退位・五月一日即位」が検討されていると報じた。のちに宮内庁幹部は「寝耳に水だった。年末年始だけは排除しなければと思っていたが、年度末からさらにうしろになるとは思っていなかった」と話している。

切りのいい年度末ではない理由として、一九年四月に統一地方選があるほか、年度末業務で社会全体が慌ただしいこと、即位はゴールデンウィーク中の五月一日がお祝いムードが高まっていい、などが挙げられた。

最初のＮＨＫ報道以降の動きのなかで、退位に消極的だった官邸は「一代限り、特例法」に押しとどめたものの、全体としては宮内庁のペースで進んでいるといういら立ちがあったとの観測がある。意趣返し的に退位期日をずらせたという臆測がささやかれた。

「たいへんな運命を背負った人」

十二月一日、宮内庁特別会議室で皇室会議が開かれた。平成では一九九三年一月に皇太子さまと雅子さまの婚約に際して開かれて以来。退位を議題とする会議は当然ながら初めてだった。

議員は皇室典範にもとづき、安倍首相、衆参両院正副議長、皇族二人（常陸宮さま、同妃華子さま）、最高裁長官、同判事、山本宮内庁長官の十人。ところがここで奇妙なことがあった。議員ではない菅官房長官が首相の対面の席に着き、楕円状に並んだ議員席の一角を占めていたことだ。

これは官邸の指示で、「宮内庁ににらみをきかせる官邸の意思表示」と見る向きもあった。官邸と宮内庁の〝暗闘〟が可視化された光景だった。宮内庁関係者は「正式議員じゃないんだから、官房長官は本来少し下がった位置に座るべきだ。官邸の驕りのようなものを感じる」と憤っていた。

皇室会議は一時間十四分で終了。首相から提案された「二〇一九年四月三十日退位、五月一日即位」を了承した。これまでの皇室会議はすべて男性皇族の結婚を審議するもので、採決が行われていたが、今回は意見を聞く体裁としたため採決がない初のケースになった。退位に関して意見が割れることを恐れたためだが、実際、一部議員から退位期日に関して異論があったといわれている。しかし、詳しい議事録は公開されず、「後世に記録を残すべきなのにおかしい」と批判が出た。

八日、退位特例法の施行日を「二〇一九年四月三十日」とする政令が閣議決定された。退位への法的手続きは終了した。あとは退位儀式をどのように行うか、退位後の天皇の住まい（皇居の御所から高輪に仮住まい、その後赤坂の東宮御所へ）、そして新元号に関心が移った。

十二月十四日、宮内庁の山本長官は定例会見で「陛下は退位儀式をできるだけ簡素にしたいとのお考えで、外国賓客を招いたり、一般参賀であいさつするような意向は持たれていない」と話した。週刊誌が参賀やパレードを行う意向だと報じたからだ。

後日、同庁幹部は「大半の国民は陛下のお気持ちを理解しているので、週刊誌の記事など無視したらと申し上げた。しかし、陛下はそれは考えが甘い、そういう記事しか読まない人はそう思うということをおっしゃっているようなんだ。事実と違うことはちゃんと訂正を求めなければならないというお考えだ」と話していた。

年が明けた二〇一八年一月九日、政府は皇位継承の準備委員会の設置を閣議決定。三月六日の閣議では「退位の礼」を行う政令を決めた。代替わりが具体的に迫ってきた。四月三十日で「退位まで一年」となり、翌日からは天皇、皇后のあらゆる公務が「最後の」冠を付けて報じられることになる。

宮内記者会では前々から、退位の年の両陛下の記者会見を要望していた。しかし、このころになると宮内庁幹部から後ろ向きの話が伝わってきた。ある幹部は「記者会見はやはり難しいよ。陛下の誕生日の会見もしんどいくらいだ。軽く流すということをおやりにならない。会見となると大変な準備と労力を使われる。そこをわかってほしい」と言う。

実際、最後の一年間の公務を全身全霊で全うしようとする天皇、皇后両陛下の姿には痛々しさも感じた。五月三十日、平成最後の国賓のベトナム国家主席夫妻を歓迎する宮中晩餐で、天皇陛下はお言葉を読み上げる際に一ページ分を読み飛ばしてしまった。心なしか表情にも疲れが見えた。

六月九日から十一日までは福島県で最後の植樹祭に出席。原発事故被災地の同県では被災者と会う機会があったが、その際も以前には見られなかった陛下の衰えを感じた。そして最終日には皇后さまが三八度の熱を出しながら、予定行事をすべてやりきった。何か鬼気迫るものがあった。

同月中旬、学習院の寮で天皇陛下のルームメートであり、その後も親交の深い松尾文夫氏に会った。福島での両陛下の様子を説明すると、次のように話してくれた。

「半年に一度は御所に行っていて、今年は五月一日に行った。元気だったよ。晩餐会のお言葉を飛ばすようなことはこれまでなかったんだが。衰えはわかるかい？　いやまあ、だいぶ衰えているなあというのは正直言ってね。陛下には達成感があるんだなあ。最近は皇后さまに感謝の言葉を言うんだよ。『この人のおかげでここまで来た』なんてね」

そして松尾氏はしみじみと言った。

「数奇な運命だと思う。僕は一緒の部屋にいたから感じるんだが、まったくたいへんな運命を背負った人だよ。自分で選んだわけじゃないんだから。いままでよく頑張ったと思うよ」

七月初め、天皇陛下は脳貧血によるめまいと軽い腹痛で公務を休まれた。満身創痍という言葉が頭に浮かんだ。九月に入ると、侍従職の最優先課題は陛下の体調管理になった。翌年四月三十日の退位の儀式に無事臨んでもらわないと大変なことになる。年が明けると正月行事や一月七日の昭和天皇三十年式年祭、二月二十四日の在位三十年式典など行事が目白押しだった。

ある幹部は「本音を言うと、今年いっぱいのご退位ならそういうことを心配する必要はなかったんだが。一月以降は寒いからね。年を重ねておられるから。去年も大変だったけど、今年の八十四歳から八十五歳の一年はさらにたいへんだ。去年なんとかなったから今年も大丈夫だろうと楽観的になれない」と語っていた。

しかし、九月に両陛下は西日本豪雨被災地の岡山、広島、愛媛県を日帰りで訪れ、被災者を見舞われた。天候不順のなかを強行突破するような訪問だった。そして、同月末に福井県での国体、十月末に高知県の海づくり大会と最後の「三大行幸啓」を無事終えられた。

十一月一日、宮内庁は十月初めからせきと微熱が続いていた皇后さまの症状がせきぜんそくだと発表した。その後も症状が続くなか、九日には天皇陛下とともに最後の園遊会に臨まれた。しかもこの日は雨だった。皇后さまのせきは十一月末になってようやく収まったが、微熱は続いていた。それでも両陛下は同月十五日に北海道地震被災地を見舞った。最後の被災地訪問となった。

十二月二十日、天皇陛下は八十五歳の誕生日を前に皇居・宮殿の「石橋の間」で記者会見に臨まれた。在位中最後の会見であり、国民へのお別れメッセージでもあった。陛下は自らの来し方を十一歳で迎えた終戦から振り返り、とくに沖縄に対する思いを強調された。「平成が戦争のない時代として終わろうとしていることに、心から安堵しています」とも述べられた。

そして天皇としての歩みを「旅」と表現し、同伴者である皇后さまへの感謝を述べられた。途中、感極まって声を震わせることもあり、まさに万感胸に迫る思いが伝わってきた。

同月二十五日の大正天皇例祭の日、陛下は風邪の症状で祭祀は代拝となった。皇后さまの微熱は収まらず、結局陛下の退位後まで続くことになる。

平和の象徴として

二〇一九年、平成三十一年となった。平成最後の年だ。一月二日の新年一般参賀は多くの人が午前六時前から皇居前に列をなした。皇宮警察の護衛官は「これまで経験したことのない数」と話していた。宮殿東庭に面した長和殿ベランダに両陛下と皇族方が並んで手を振った。天皇陛下のお言葉のあと「天皇陛下バンザイ！」の歓声とともに参賀者から拍手が起こった。取材していた記者からは「拍手が出るのはめずらしいね」との声があった。

参賀は両陛下のお出ましごとに入場者を入れ替え、計五回行われる予定だったが、参賀人数が多いため異例の七回行われた。最後は両陛下の強い希望で追加された。この日の参賀人数は平成最多の十五万四千八百人だった。

二月二十四日、東京の国立劇場で政府主催の在位三十年記念式典が開かれた。公式行事での長文のお言葉はこれが最後となった。そこでもっとも強調されたのが、やはり平和の尊さだった。

陛下は平成が始まって間もないころの皇后さまの歌「ともどもに平らけき代を築かむと諸人のことば国うちに充つ」を引用し、「私たちも皇室と共に平和な日本をつくっていく」という全国の国民から寄せられた決意に満ちた言葉を心にとどめていると述べられた。

陛下は「民度」という言葉を使って、象徴としての活動を支えてくれた国民に感謝された。それは災害の被災地以外でも、それをわがことのように支援した人々への賞賛であり「他者を思いやる心」を持ち続けてほしいという思いのようでもあった。

「憲法で定められた象徴としての天皇像を模索する道は果てしなく遠く、これから先、私を継いでいく人たちが、次の時代、更に次の時代と象徴のあるべき姿を求め、先立つこの時代の象徴像を補い続けていってくれることを願っています」

陛下がたどり着いた境地は「天皇は国民統合の象徴であると同時に平和の象徴でもあるべき」ではなかろうかと思った。過去の歴史を正しく学び、平和な日本を維持し続けてほしい。戦争を実体験した最後の天皇、そして皇后として、戦争を肌身で知る人がいなくなる次世代への「遺言」のように聞こえた。

このお言葉を読み上げているとき、陛下は原稿を取り違えてしまった。隣の皇后さまがすぐ気がつき、台上にある原稿を二人で探して事なきを得た。その姿は図らずも、手をたずさえて築いてきた平成の天皇、皇后像を象徴するもので、国民は温かく見守った。

二日後の二月二十六日午前、松尾文夫氏の訃報が飛び込んできた。陛下と松尾氏は同月初めに御所で会ったばかりだった。この日は宮殿で即位三十年を祝う宮中茶会が開かれており、陛下には茶会の後に伝えられた。三月二十日には昭和天皇の初孫で陛下の甥の東久邇信彦氏が亡くなった。「もう危ない」との知らせで、両陛下は同月八日に同氏を見舞われていた。平成の終着点を目前に近しい人たちを失い、陛下はどのような思いを持たれただろうか。

平成もあと一カ月となった四月一日は新元号発表の日だった。社会的な混乱を避けるためぎりぎりの時期だったが、自民党保守派議員らは「元号と天皇は一体であり、新元号を公布する政令には新天皇が署名すべき」と主張していた。元号発表は新天皇が即位する五月一日にせよということだが、コンピューターシステムへの影響などを考えると非現実的な要求だった。

最後は首相が決断して一カ月前の発表になった。自民党の内情に詳しい関係者は「元号発表時期だけでも保守派から相当の抵抗があった。女系天皇や女性宮家となるとこの比ではない。安倍政権の間は特例法の付帯決議は実行されないとみていいだろう」と話していた。

四月三日、天皇陛下は未明から明け方まで強いせきの症状があり、この日の宮中祭祀（神武天皇祭）を休まれた。皇后さまの微熱も回復していない。退位まであと一カ月足らずというところで、宮内庁は張り詰めていた。

四月十日は両陛下の結婚六十年記念日。公式の行事は行われなかったが、宮内記者会は侍従職を通じてお祝いの花束を贈った。両陛下から「ありがとう」の言葉があった。

四月十七日から十九日まで、両陛下は伊勢神宮で退位を報告する「親謁の儀」のため三重県を訪問された。この行幸啓では三種の神器の剣璽（剣と勾玉）が「動座」した。剣璽が動座するのは二十年に一度の式年遷宮と代替りの際に天皇が伊勢神宮を訪れるときだけだ。三種の神器の本体の鏡は伊勢神宮、剣は熱田神宮にあり、その形代《かたしろ》（レプリカ）の鏡が皇居・宮中三殿の賢所、剣が御所にある。

両陛下の神宮訪問の際は、沿道の両側にびっしりと奉迎者が並び、「ありがとうございます！」と声を上げていた。両陛下の体調は必ずしも万全ではなかったが、特急列車のなかでは立ちっぱなしで沿線の人々に手を振っていた。

そして四月三十日の退位の日を迎えた。天皇陛下は午前に宮中三殿で退位礼当日賢所大前の儀に臨まれた。天皇のみの装束「黄櫨染御袍《こうろぜんのごほう》」を着用するのもこれが最後だった。

皇居前広場には午前中から多くの人が集まっていた。ここで行事があるわけではないが、平成最後の日を皇居で見送りたいということだろうか。夕刻前には雨が降り出した。

午後五時から宮殿「松の間」で退位礼正殿の儀が始まった。参列者は首相、閣僚など約三百人。両陛下は皇太子夫妻ら皇族方、宮内庁幹部らとともに入場。侍従が奉持した剣璽が両陛下の前の台に安置される。

首相のあいさつのあと、天皇陛下がお言葉を読まれた。最後のお言葉だ。

「今日をもち、天皇としての務めを終えることになりました。ただ今、国民を代表して、安倍内閣総理大臣の述べられた言葉に、深く謝意を表します。即位から三十年、これまでの天皇としての務めを、国民への深い信頼と敬愛をもって行い得たことは、幸せなことでした。象徴としての私を受け入れ、支えてくれた国民に、心から感謝します。明日から始まる新しい令和の時代が、平和で実り多くあることを、皇后と共に心から願い、ここに我が国と世界の人々の安寧と幸せを祈ります」

陛下はゆっくりとした口調で読み上げる。手元の紙に目を落としながら、一言一言発するたびに参列者の方に目を向けた。表情は穏やかだが、感極まった感じでやや声が上ずる。皇后さまは体を陛下の方に向け、目線をやや落として聞いていた。

儀式は十分ほどで淡々と終了した。このあと宮殿で皇族、元皇族・親族、宮内庁幹部、元参与、職員らのあいさつを次々と受け、午後七時半前にこの日の行事を終えた。

推測だが、天皇陛下が退位の決意を固めたのは周囲にその意向を伝えた二〇一〇年の前年ではなかっただろうか。この年、二〇〇九年は即位二十年の節目の年で、負担軽減策としての公務削減がさかんに論じられていた。

そこから足かけ十年。誰もが実現困難と考えていた退位が成就した。ただ単に天皇がその位を降りるということではない。退位とは、三十年にわたる思索と活動で作られてきた「象徴のかたち」の総仕上げの姿である。陛下の強い意思と国民との間に培われた信頼、敬愛によって成し遂げられた偉業であった。

五月一日午前零時、天皇陛下は平成から令和へ移り変わるときを皇后さまと静かに迎えられた。

〈執筆者略歴〉

井上亮（いのうえ・まこと）

一九八六年日本経済新聞社に入社。社会部で警視庁、法務省、宮内庁などを担当。現在、編集委員（皇室、近現代史）。元宮内庁長官の「富田メモ」報道で二〇〇六年度新聞協会賞を受賞。著書に『非常時とジャーナリズム』『焦土からの再生』『天皇と葬儀』『熱風の日本史』『昭和天皇は何と戦っていたのか』『天皇の戦争宝庫』『象徴天皇の旅』など。

和歌山章彦（わかやま・あきひこ）

一九八六年日本経済新聞社に入社。証券部で株式市場や企業報道に携わる。社会部記者として司法、国税、皇室などを取材。山口支局長などを経て編集委員兼論説委員。朝刊1面コラム「春秋」などを担当する。

写真提供
共同通信社
時事通信社
テレビ東京
日本経済新聞社

日経プレミアシリーズ 413

明仁《あきひと》上皇《じょうこう》と美智子《みちこ》上皇后《じょうこうごう》の30年《ねん》

二〇一九年九月二五日　一刷

編者　日本経済新聞社社会部

発行者　金子 豊

発行所　日本経済新聞出版社
https://www.nikkeibook.com/
東京都千代田区大手町一—三—七　〒一〇〇—八〇六六
電話（〇三）三二七〇—〇二五一（代）

装幀　ベターデイズ

組版　マーリンクレイン

印刷・製本　凸版印刷株式会社

ISBN 978-4-532-26413-0　Printed in Japan